Impressum

Umschlaggestaltung: Sandra Maria Bader & Marco Müller
Foto: www.canva.com

Bodenstedtstraße 60
81241 München

E-Mail: info@therapeuten-marketing.de
Internet: www.therapeuten-marketing.de

ISBN: 9798687231886

INHALT

7. SOCIAL MEDIA

8. WAS DEINER SICHTBARKEIT IM WEG STEHT UND NOCH MEHR TIPPS, WIE DU SIE STEIGERN KANNST

VORWORT

Herzlich Willkommen

Das Team von Therapeuten-Marketing freut sich, dich mit unserem Buch „Erfolgreich mit der eigenen Praxis – Marketing-Strategien für Heilpraktiker und Therapeuten“ zu unterstützen. Du erhältst von uns nützliche Informationen über die ersten praktischen Schritte und nachhaltige Erfolgsfaktoren. Ferner erfährst du, wie deine Positionierung gelingt und welche Marketingmaßnahmen deine Sichtbarkeit und damit deinen Praxiserfolg befördern. Außerdem geben wir dir viele praktische Tipps zu weiteren Themen – von SEO bis Social Media, vom richtigen „Mindset“ bis hin zum gelungenen Außenauftritt.

SANDRA UND MARCO –
WIR SIND DAS TEAM VON THERAPEUTEN-MARKETING

Sicher bist du neugierig, wer hinter dem Team von Therapeuten-Marketing steckt. Deshalb wollen wir uns einfach kurz vorstellen:

Sandra lebt und arbeitet in München. Sie ist Heilpraktikerin für Psychotherapie, Hypnosetherapeutin, Dozentin und Keynote Speakerin. Vor 6 Jahren hat sie erfolgreich zwei Praxen gegründet – und das nahezu ohne Startkapital. Weil sie damals dennoch das eine oder andere Lehrgeld bezahlt hat, ist es ihr ein Herzensanliegen, bei Therapeuten-Marketing ihr Wissen in Seminaren oder in Gründungs-Coachings und Online-Intensivkursen an Kolleginnen und Kollegen aus alternativen Heilberufen weiterzugeben und ihnen einen erfolgreichen Praxisstart zu ermöglichen. Des Weiteren möchte sie auch Menschen helfen, deren Praxis einfach nicht läuft.

Ursprünglich war Sandra für einen großen Konzern im Bereich Marketing und Vertrieb tätig. Nach einem schweren gesundheitlichen Schicksalsschlag beschloss sie, endlich ihrer Berufung nachzugehen und nach einer Ausbildung zur Heilpraktikerin für Psychotherapie Menschen in Krisensituationen zu unterstützen. Ihr Marketing-Knowhow war ihr bei der Praxisgründung eine große Hilfe.

Der zweite im Bunde, Marco Müller, hat gemeinsam mit Sandra Therapeuten-Marketing gegründet. Er kommt ursprünglich aus der Krankenpflege und ist seit über 20 Jahren in Hamburg als Webdesigner, Programmierer und als Online-Marketing-Spezialist tätig. In dieser Zeit hat er mehr als 300 Internet- und Online Projekte betreut und erfolgreich umgesetzt. Mittlerweile hat sich Marco auf Marketingprojekte für Therapeuten und Heilpraktiker spezialisiert, da er sich der Gesundheitsbranche auch heute noch eng verbunden fühlt.

Er ist überzeugt davon, dass in der Automatisierung des Zeit- und Bewertungsmanagements für Gesundheitsberufe ein großes Potenzial liegt. Wichtig ist es ihm, dass die von ihm entwickelten Prozesse und Lösungen reibungslos funktionieren und von den künftigen Anwendern einfach zu bedienen sind. Es ist ihm auch ein großes Anliegen, auf die individuellen Bedürfnisse seiner Kunden einzugehen und für sie maßgeschneiderte Systeme für mehr Sichtbarkeit im Netz zu entwickeln. Marco freut sich auch nach vielen Jahren noch wie Bolle, wenn die Websites seiner Auftraggeber im Google-Ranking ganz oben auf Seite 1 zu finden sind.

Und jetzt wünschen wir dir viel Spaß und Inspiration bei der Lektüre

Sandra und Marco

Übrigens: Viele weitere Tipps und einen lebhaften Austausch mit Kollegen findest du auch in unserer geschlossenen Facebook-Gruppe „Mehr Sichtbarkeit für Therapeuten & Heilpraktiker". Tritt doch ganz einfach der Gruppe bei – wir freuen uns auf dich:
https://www.facebook.com/groups/sichtbarkeit.fuer.therapeuten.und.heilpraktiker

Gerne kannst du auch unseren Therapeuten-Marketing Youtube-Kanal abonnieren oder Sandras Marketing-Podcast für Heilpraktiker – zum Beispiel auf Spotify – folgen.

Anmerkung: Aus Gründen der besseren Lesbarkeit haben wir in diesem Buch das generische Maskulinum verwendet, das sich selbstverständlich auf Frauen und Männer bezieht.

SCHÖN, DASS DU DA BIST.

Wir freuen uns sehr, dass du unser Buch in Händen hältst und möchten dir – bevor du mit der Lektüre beginnst, ein kleines Dankeschön zukommen lassen.

Deshalb schenken wir dir unseren Online-Kurs „Workshop organisieren – So organisierst du offline und online den perfekten Workshop".

Hier kannst du dich für den Online-Kurs kostenlos eintragen:

https://www.therapeuten-marketing.de/geschenk

Du erfährst darin Schritt für Schritt, wie du off- und online einen erfolgreichen Workshop organisierst und damit deine Sichtbarkeit und die Chance, neue Klienten zu gewinnen, steigerst.

Ferner lernst, wie du auf Facebook eine Veranstaltung erstellst und wie du sie dort bewirbst. Nebenbei erfährst du einiges an Daten und Fakten über das größte Social Network weltweit.

Gleichzeitig war es uns bei der Gestaltung des Kurses wichtig, dass du ein Bewusstsein dafür entwickelst, welch große Rolle das Thema Sichtbarkeit für deinen Praxiserfolg spielt. Wir beschäftigen uns außerdem mit Ängsten und Glaubenssätzen, die dich vielleicht daran hindern, nach draußen zu gehen und dein Expertenwissen mit der Welt zu teilen.

Doch jetzt wünschen wir dir viel Spaß beim Lesen unseres Marketing-Fachbuchs für Heilpraktiker und Therapeuten.

1.

ERSTE PRAKTISCHE SCHRITTE IN DIE SELBSTSTÄNDIGKEIT

Du hast dich als Heilpraktiker und Therapeut für die Selbstständigkeit entschieden – herzlichen Glückwunsch! Damit dein Start gelingt, möchten wir dir in diesem Kapitel gerne die ersten Schritte auf dem Weg zur eigenen Praxis aufzeigen.

Vorab jedoch ein wichtiger Hinweis: Dieses Buch leistet keine verbindliche rechtliche und steuerliche Beratung, sondern wir möchten dich über verschiedene Möglichkeiten informieren, die zu Beginn hilfreich für dich sein können. Wir raten dir in jedem Fall, einen Experten hinzuzuziehen.

1.1 WELCHE FÖRDERMÖGLICHKEITEN GIBT ES?

Beziehst du Arbeitslosengeld (ALG 1), besteht die Möglichkeit, einen Gründungszuschuss bei der Bundesagentur für Arbeit zu beantragen. Wichtig ist zunächst, dass du noch mindestens 150 Tage Anspruch auf Arbeitslosengeld hast und du deine Selbstständigkeit hauptberuflich ausüben willst, um deine Arbeitslosigkeit zu beenden.

Des Weiteren musst du bei Antragstellung auch einen detailliert ausgearbeiteten Businessplan vorlegen und eine fachkundige Stelle – in unserer Branche beispielsweise unabhängige Heilpraktiker-Verbände – muss bestätigen, dass dein Geschäftsmodell und deine persönlichen Voraussetzungen einen langfristigen Erfolg versprechen. Heilpraktiker-Verbände unterstützen dich auch mit Existenzgründungs-Seminaren. Die Teilnahme an einem solchen Seminar legen wir dir sehr ans Herz.

Wichtig: Der Antrag muss persönlich gestellt werden. Ein Rechtsanspruch auf einen Gründungszuschuss besteht nicht.

Wird der Zuschuss gewährt, so erhältst du derzeit sechs Monate lang eine Unterstützung in Höhe deines Arbeitslosengelds sowie zusätzlich 300 Euro. Nach einem halben Jahr kannst du für einen Zeitraum von neun Monaten auf Antrag die 300 Euro (pro Monat) weiter beziehen.

Du hast im Übrigen auch die Möglichkeit, freiwillig Beiträge zur Arbeitslosenversicherung zu zahlen. So kannst du dich ein Stück weit absichern, wenn du die Selbstständigkeit aufgeben musst.

Bist du nicht arbeitslos und benötigst dennoch Starthilfe, kannst du dich bei deiner Bank nach weiteren Förderprogrammen oder Gründerkrediten erkundigen.

1.2 ANMELDUNG BEIM GESUNDHEITSAMT

Gemäß Heilpraktiker-Gesetz ist eine feste Praxisadresse beim Gesundheitsamt Voraus-setzung, um Heilkunde ausüben zu dürfen. Auch Hausbesuche sind erst gestattet, wenn du dich als Heilpraktiker niedergelassen hast. Sobald du die richtigen Praxisräume gefunden hast und der Eröffnungstermin

feststeht, kannst du deine Praxis offiziell beim Gesundheitsamt deiner Stadt oder Gemeinde mit deinem Original-Zulassungsdokument anmelden.
Ein besonderes Augenmerk legt das Gesundheitsamt auf den Hygienestatus deiner Praxis. Arbeitest du invasiv, ist ein Hygieneplan Pflicht. Ferner muss sich zwingend ein Waschbecken im Behandlungszimmer befinden, die Boden- und Wandbeläge müssen abwaschbar sein. Arbeitest du zum Beispiel als Heilpraktiker Psychotherapie, musst du auf die übliche Sauberkeit von Praxisräumen achten.

Wir raten dir, dich vorab beim zuständigen Gesundheitsamt über die genauen Anforderungen zu informieren.

1.3 WIE LÄUFT DIE ANMELDUNG BEIM FINANZAMT?

Die Anmeldung beim Finanzamt sollte bis spätestens zum 31. Dezember des ersten Praxisjahres erfolgen. Dabei meldest du eine freiberufliche, medizinische und selbstständige Tätigkeit an, die von der Umsatzsteuer befreit ist. Bietest du zusätzliche, eigentlich umsatzsteuerpflichtige Dienstleistungen wie Seminare oder Coachings an und liegt dein Umsatz damit unter 22.000 Euro (seit 01.01.2020), kannst du im Steuererfassungsbogen die sogenannte Kleinunternehmerregelung ankreuzen. Somit bist du zunächst von der Umsatzsteuerpflicht befreit. Wir empfehlen dir, einen Steuerberater mit entsprechender Expertise zu konsultieren.

1.4 GESCHÄFTSKONTO ERÖFFNEN

Die Führung eines Geschäftskontos ist nicht zwingend vorgeschrieben. Zur sauberen Trennung von geschäftlichen und privaten Einnahmen/Ausgaben empfehlen wir dir jedoch die Eröffnung eines Geschäftskontos. Glaube uns, das lässt auch das Herz jedes Steuerberaters vor Freude höher schlagen.

Unser Tipp: Schau auf jeden Fall in die Allgemeinen Geschäftsbedingungen deiner Bank, ob du deinen geschäftlichen Zahlungsverkehr über dein privates Girokonto abwickeln darfst. Zum einen hast du als Geschäftskunde womöglich eine höhere Anzahl von Buchungen. Zum anderen schreibt der Gesetzgeber den Banken andere Regelungen im Umgang mit Geschäftskunden vor. Dennoch wirst du als selbstständiger Freiberufler höchstwahrscheinlich keine Probleme bekommen, wenn sich der Zahlungsverkehr in Grenzen hält.

1.5 WELCHE VERSICHERUNGEN BENÖTIGST DU?

Eine Krankenversicherung ist in Deutschland eine gesetzliche Pflicht. Bist du fest angestellt und übst deine Tätigkeit als Heilpraktiker und Therapeut nebenberuflich aus, bist du über deinen Arbeitgeber krankenversichert. Du brauchst also weiter nichts zu tun. Handlungsbedarf besteht erst, wenn du dein überwiegendes oder dein gesamtes Einkommen mit deiner Selbstständigkeit erzielst. Dann musst du entscheiden, ob du als freiwillig Versicherter in der gesetzlichen Kasse bleiben oder in eine private Kasse wechseln möchtest.

Mit Aufnahme deiner Selbstständigkeit musst du auf jeden Fall eine Berufshaftpflicht-Versicherung abschließen, die bei Schäden am Patienten in Leistung tritt.

Eine Geschäftsinhaltsversicherung kann sinnvoll sein, da mit ihr – wie bei der Hausratsversicherung – Schäden durch Einbruch, Wasserrohrbruch oder Feuer abgedeckt werden.

Bedenken solltest du auch die Themen Altersvorsorge und Berufsunfähigkeit.

Auch beim Thema Versicherungen gilt: Lass dich von einem unabhängigen Experten beraten oder erkundige dich bei der Verbraucherzentrale, ob eine Beratung möglich ist.

1.6 WIE DU DIE PASSENDEN PRAXIS-RÄUMLICHKEITEN FINDEST

In zahlreichen Regionen gestatten die Gesundheitsämter unter bestimmten Voraussetzungen die Ausübung deiner Tätigkeit als Heilpraktiker oder Therapeut in den eigenen Räumlichkeiten. Häufig fordern die Ämter, dass in deiner Wohnung oder in deinem Haus ein eigener Behandlungsraum sowie ein separates WC zur Verfügung stehen. Informiere dich über die näheren Details bei deinem Gesundheitsamt vor Ort.

Wichtig: Kläre auch mit deinem Vermieter die gewerbliche Nutzung eines Teils deiner Räume.

Gerade wenn du mit der Gründung deiner Praxis ganz am Anfang stehst, kann es von Vorteil sein, wenn du dir die Miete sparst. Stelle dennoch bitte vorab folgende Überlegungen an: Ist es in Ordnung für dich, dass deine Patienten deine Privat-Adresse kennen - auch Klienten, die du noch nicht persönlich kennst, weil sie zum ersten Mal deine Praxis betreten? Ist es ok für dich, wenn eventuell Patienten in einer Krise unangekündigt vor deiner Tür stehen?

Müssen die Klienten deine privaten Räumlichkeiten durchqueren, um in den Behandlungsraum zu gelangen? Kann es dabei zu Kontakten - wenn auch nur kurz - mit Familienmitgliedern kommen?

Eventuell entscheidest du dich nach reiflicher Abwägung doch für externe Praxisräume.

Jetzt stellt sich die Frage: Lieber im Zentrum oder darf es auch ein wenig außerhalb sein? Natürlich ist es von Vorteil, wenn deine Praxis gut erreichbar ist - auch mit öffentlichen Verkehrsmitteln. Da du aber kein Ladengeschäft führst, das auf Laufkundschaft angewiesen ist, sondern mit Terminvergabe arbeitest, dürfen deine Räume sich auch abseits des Zentrums befinden, wo die Miete nicht ganz so hoch ist.

Folgende Portale können bei der Suche nach Praxisräumen hilfreich sein:

- E-Bay Kleinanzeigen
- Quoka
- Local24
- Immobilienscout24
- Kleinanzeige.focus.de

Ganz wichtig: Vergleiche die Preise und achte sorgfältig auf das Kleingedruckte im Mietvertrag, zum Beispiel auf Kündigungsfristen etc.

Unser Tipp: Wie wäre es, einen Raum in einer Praxisgemeinschaft anzumieten, eventuell zu Beginn erst mal tage- oder stundenweise? So halten sich die Kosten in Grenzen, du bist im Austausch mit Kollegen und ihr könnt euch bei Bedarf gegenseitig empfehlen.

2.

NACHHALTIGE ERFOLGSFAKTOREN FÜR DIE UMSETZUNG – WELCHER ORGANISATORISCHE RAHMEN UNTERSTÜTZT MICH?

In diesem Kapitel zeigen wir dir auf, welche Vorteile dir die Mitgliedschaft in einem Fachverband bringt. Des Weiteren geben wir dir nützliche Tipps, wo du Informationen einholen kannst, um up to date zu bleiben und du erfährst, was du über die Datenschutz-Grundverordnung (DSGVO) und das Heilmittelwerbegesetz (HWG) wissen solltest. Auch an dieser Stelle möchten wir nochmals darauf hinweisen, dass unser Buch keinesfalls eine Rechtsberatung ersetzen kann und die nachfolgenden Informationen keinen Anspruch auf Vollständigkeit erheben.

2.1 FACHVERBÄNDE UND FACHGESELLSCHAFTEN

Die Anmeldung bei einem Berufsfachverband bzw. -gesellschaft bringt dir viele Vorteile: Alle relevanten, aktuellen und grundlegenden Informationen finden schneller den Weg zu dir und deiner Praxis. Der „Verband freier Psychotherapeuten, Heilpraktiker für Psychotherapie und Psychologischer Berater (VFP)" zählt beispielsweise über 10.000 Mitglieder und ist die größte berufsständische Vereinigung in der Freien Psychotherapie. Die Mitglieder des VFP engagieren sich in der Psychologischen Beratung, Lebenshilfe und/oder der Psychotherapie oder befinden sich für eine entsprechende Tätigkeit in Ausbildung.

Mitglieder in Ausbildung zahlen jährlich (Stand: 2020) 75 Euro, Mitglieder mit einer abgeschlossenen Ausbildung zahlen jährlich 100 Euro. Bereits praktizierende Mitglieder haben einen Jahresbeitrag von 130 Euro zu entrichten. Diese Kosten können auf eine Ausbildung/Weiterbildung angerechnet werden. Nicht zu vernachlässigen ist die Tatsache, dass die Mitgliedschaft auch eine Art professionelles Aushängeschild für die Internetseite bzw. das gesamte werbewirksame Erscheinungsbild darstellt.

Du findest beim VFP des Weiteren Unterstützung in einem Netzwerk von regionalen Arbeitskreisen, erhältst einen kostenfreien Eintrag in der Therapeuten-Datenbank theralupa.de und findest Beratungsangebote zu den Themen Existenzgründung sowie Praxisführung. Auch von günstigen Versicherungstarifen für Mitglieder, beispielsweise für die Berufshaftpflicht, kannst du profitieren.

Weitere Informationen erhältst du auf der Verbands-Webseite vfp.de

Der VFP ist aber nicht die einzige berufsständische Vertretung auf diesem Gebiet. Unter anderem gibt es folgende Verbände – die Liste ist lediglich ein Auszug in alphabetischer Reihenfolge und erhebt keinen Anspruch auf Vollständigkeit:

- Bund Deutscher Heilpraktiker e. V. – BDH
- Bund Deutscher Heilpraktiker und Naturheilkundiger e. V. – BDHN
- Europäischer Verband für Naturheilkunde e. V. – EVN

- Fachverband Deutscher Heilpraktiker e. V. - FDH
- Freie Heilpraktiker e. V. - FH
- Union Deutscher Heilpraktiker e. V. - UDH
- Lachesis V. - Berufsverband für Heilpraktikerinnen
- Verband Deutscher Heilpraktiker e. V. - VDH
- Verband Klassischer Homöopathen Deutschlands e. V. - VKHD

Nachstehend einige Beispiele für Fachgesellschaften und Arbeitsgemeinschaften - ebenfalls in alphabetischer Reihenfolge und ohne Gewähr auf Vollständigkeit:

- Arbeitsgemeinschaft für Chiropraktik, Osteopathie und Neuraltherapie Deutscher Heilpraktiker e. V. - ACON
- Arbeitsgemeinschaft für Klassische Akupunktur und Traditionelle Chinesische Medizin e. V. - AGTCM
- Berufsverband Osteopathie e. V. - BVO
- Berufsvereinigung für heilkundlich praktizierte Osteopathie e. V. hpO
- Bundesvertretung der Osteopathen in Deutschland e. V. - VOD
- Bund Klassischer Homöopathen Deutschlands e . V - BKHD
- Deutsch-Amerikanische Gesellschaft für Chiropraktik e. V. - DAGC
- Deutsche Chiropraktoren Gesellschaft e. V. - DCG
- Deutsche Gesellschaft für Ayurveda e. V. - DGA
- Deutsche Gesellschaft für Klassische Homöopathie e. V. - DGKH

- Heilpraktiker-Gesellschaft für Ozontherapie e. V. - HPGO3

- Stiftung Homöopathie Zertifikat - SHZ

Wir raten dir in jedem Fall zu einer gezielten Recherche, um mehr Informationen über die einzelnen Verbände und ihre Zielsetzungen zu erhalten.

2.2 SOLL ICH MICH IN EINER FACHDATENBANK REGISTRIEREN?

Als VFP-Mitglied erhältst du automatisch einen Eintrag in der Therapeuten-Datenbank theralupa.de, einer Anlaufstelle für Menschen, die auf der Suche nach einem Heilpraktiker oder Therapeuten sind. Theralupa.de hat eine komfortable Umkreissuche für Deutschland, Österreich und die Schweiz.

Weitere Portale sind zum Beispiel therapeutenfinder.de oder therapeuten.de. Informiere dich gründlich und entscheide dann, ob sich ein Eintrag für dich lohnt.

Wir halten weitere Registrierungen nicht für zwingend nötig und setzen unsererseits lieber auf aktives Netzwerken.

2.3 FACHZEITSCHRIFTEN UND FACHBÜCHER

Neben den Fachverbänden und -gesellschaften möchten wir dir auch das Lesen von Fachzeitschriften und Fachbüchern nahelegen. Sandra hat für dich nachfolgend eine kleine Auswahl von Journalen und Verlagen erstellt:

Fachzeitschriften

- Deutsches Ärzteblatt

- Psychologie Heute

- Psychologie Heute Compact

- PSYCHE

- Gehirn und Geist

- Ärztliche Psychotherapie und Psychosomatische Medizin
- Zeitschrift WIR.Heilpraktiker
- Der Heilpraktiker
- Deutsche Heilpraktiker-Zeitschrift

Verlage

Hogrefe ist der führende europäische Wissenschaftsverlag für Psychologie, Psychotherapie und Psychiatrie. Die Themen Pflege, Gesundheitswesen und Medizin ergänzen dieses Portfolio. Eine Besonderheit des Programms sind etwa 1.600 psychologische Testverfahren in einer Vielzahl von Sprachen, mit Beratungsangeboten, Seminaren und spezifischen elektronischen Lösungen
Mehr Informationen findest du unter hogrefe.de

Verlag Volksheilkunde - Der Heilpraktiker: Hier findest du alle Informationen zu Büchern und zur Fachzeitschrift „Der Heilpraktiker", darunter ausgewählte Leseproben aus der aktuellen Ausgabe, ein Formular zum Aufgeben von Kleinanzeigen und ein Artikelarchiv für Abonnenten und Verbandsmitglieder. Der Heilpraktiker ist eine Fachzeitschrift für Natur- und Erfahrungsheilkunde.
Weiterführender Link: verlag-volksheilkunde.de

Haug Verlag - Deutsche Heilpraktiker Zeitschrift: Die DHZ bereitet die Diagnostik verständlich auf, z. B. mit dem „Blickdiagnose-Rätsel" und der praktischen Anleitung „Diagnose kompakt" fürs schnelle Nachschlagen in der Praxis. Die DHZ bietet gut strukturierte Beiträge, eindrucksvolle Porträts namhafter Therapeuten und spannende Erfahrungsberichte sowie naturheilkundliches Wissen aus erster Hand.
Hier erfährst du mehr: thieme.de/de/haug-405.htm

2.4 WEITERE INFORMATIONSQUELLEN

Du brauchst nur kurz bei Google "Messen und Kongresse für Heilpraktiker" eingegeben und die Suchmaschine spuckt eine Vielzahl von Terminen aus, zu denen du dich mit Berufskollegen vernetzen und viele Infos einholen kannst. Doch wie wäre es einmal mit dem Besuch einer Marketing-Messe, wie zum

Beispiel der "Sales Marketing Messe" in München? Hier kannst du dich über neue Trends informieren und es macht Spaß, mal über den eigenen beruflichen Tellerrand zu gucken und sich inspirieren zu lassen.

Social Media Plattformen wie YouTube oder Facebook-Gruppen zu nahezu jedem Thema sind Informationsquellen, aus denen du reichlich schöpfen kannst. Ob Tutorials oder der Austausch mit Gleichgesinnten - uns fällt da „ganz spontan" die Facebook-Gruppe "Mehr Sichtbarkeit für Therapeuten und Heilpraktiker" ein. Die Sozialen Medien bieten eine Vielzahl von Möglichkeiten, up to date zu bleiben. Es gibt auch zahlreiche qualitativ hochwertige Blogs, die relevante und nützliche Informationen bieten.

2.5 WAS DU ÜBER DIE DATENSCHUTZ GRUNDVERORDNUNG (DSGVO) WISSEN SOLLTEST

Die Datenschutz Grundverordnung (DSGVO) gilt seit dem 25. Mai 2018. Sie regelt die Verarbeitung von personenbezogenen Daten, die elektronisch oder schriftlich, zum Beispiel in Form einer Patientenkartei, erfasst werden. Unter personenbezogenen Daten versteht man alle Informationen, mit denen sich eine natürliche Person identifizieren lässt, zum Beispiel Namen, Anschrift oder Geburtsdatum. Nachfolgend erfährst du, warum du dich als Therapeut und Heilpraktiker bezüglich der DSGVO ausgiebig informieren solltest - auch wenn es zugegebenermaßen ein etwas sperriges und arg trockenes Thema ist.

Warum ist die DSGVO für mich wichtig?

In jeder Heilpraktiker-Praxis werden Patientendaten erhoben, verarbeitet und eventuell weitergeleitet. Dies geschieht beispielsweise durch das Führen einer elektronischen Patientenkartei, die Nutzung einer Abrechnungssoftware, die Online-Terminvergabe oder das Kontaktformular auf deiner Praxis-Homepage. Da die DSGVO gesundheitsbezogene Daten als besonders schutzwürdig ansieht, musst du als Heilpraktiker bei der Datenverarbeitung besondere Sorgfalt walten lassen. Bei Verstößen drohen ansonsten hohe Bußgelder.

Hier findest du einen nützlichen Selbstcheck für Arztpraxen, an dem du dich auch als Heilpraktiker und Therapeut orientieren kannst:

https://www.datenschutzzentrum.de/uploads/medizin/arztpraxis/171101_

Selbst_Check.pdf

Als praktischer Leitfaden versorgt dich auch die Broschüre "Erste Hilfe zur Datenschutz-Grundverordnung für Unternehmen und Vereine", herausgegeben vom Bayerischen Landesamt für Datenschutzaufsicht, erschienen im C.H.BECK-Verlag, mit allen wichtigen Information rund um das Thema DSGVO.

Erstelle ein Verarbeitungsverzeichnis

Artikel 30 der DSGVO verpflichtet dich als Therapeut dazu, ein Verzeichnis über sämtliche Datenverarbeitungstätigkeiten, die in deiner Praxis durchgeführt werden, zu erstellen.

Damit kannst du als Daten-Verantwortlicher nachweisen, dass die Grundsätze für die Verarbeitung personenbezogener Daten eingehalten werden. Diese Grundsätze sind nach Art. 5 Abs. 1 DSGVO

- Rechtmäßigkeit, Verarbeitung nach Treu und Glauben, Transparenz
- Zweckbindung
- Datenminimierung
- Richtigkeit
- Speicherbegrenzung
- Integrität und Vertraulichkeit

Das Verzeichnis sollte folgende Punkte enthalten:

(1) Bezeichnung der Verarbeitungstätigkeit

(2) Zweck der Verarbeitung

(3) Rechtmäßigkeit der Verarbeitung

(4) Beschreibung der Kategorien betroffener Personen (Betroffenenkategorie)

(5) Beschreibung der Kategorien der zu verarbeitenden Daten (Datenkategorie)

(6) Beschreibung Datenweitergabe (Empfängerkategorien)

(6.1) Beschreibung der Datenweitergabe

(6.2) Datenweitergabe an Drittländer oder an internationale Organisationen

(7) Löschfristen

(8) Beschreibung der technischen und organisatorischen Maßnahmen (TOMs)

Unter https://www.datenschutzzentrum.de/dokumentation/ findest du Mustervorlagen, die du zum Erstellen des Verarbeitungsverzeichnisses nutzen kannst.

Was du bei der Datenschutzerklärung für deine Praxis-Homepage beachten musst

Die DSGVO verpflichtet auch dich als Heilpraktiker und Therapeuten zu einer Datenschutzerklärung auf deiner Website. Sie muss leicht zugänglich sein und Besucher deiner Praxis-Homepage ausführlich darüber informieren, ob und in welcher Form die Erhebung personenbezogener oder anderer sensibler Daten auf der Seite erfolgt. Nutzer haben das Recht, dies unmittelbar auf der Website nachlesen zu können. Auch die Kontaktdaten zum Datenschutz-Beauftragten (das bist im Falle deiner Einzelpraxis du) müssen dort bereit gehalten werden. Ferner musst du auch darüber informieren, wenn deine Website extern gehostet wird.

Beachte, dass du auch präzise Auskunft über die Verwendung von Analysetools wie Google Analytics und Social-Media-Plugins, deren Server meist im Ausland liegen, erteilen musst.

Um sicherzugehen, dass deine Datenschutzerklärung rechtskonform gestaltet ist, empfehlen wir dir, juristische Hilfe in Anspruch zu nehmen.

Welche personenbezogenen Daten darfst du als Heilpraktiker und Therapeut verarbeiten?

Grundsätzlich gilt, dass du personenbezogene Daten nur mit Erlaubnis deiner Patienten erheben, speichern oder weitergeben darfst. Verarbeitet werden dürfen die allgemeinen Daten, die zur Erfüllung einer rechtlichen Verpflichtung, beispielsweise eines Vertrages, benötigt werden.

Ferner gestattet dir die DSGVO die Datenverarbeitung, um dein berechtigtes Interesse oder das eines Dritten zu wahren.

Die Verarbeitung von sensiblen Gesundheitsdaten ist grundsätzlich untersagt, die DSGVO gestattet dir als Angehöriger eines Gesundheitsberufes eine Ausnahme. Diese Daten dürfen nur von dir oder einer unter deiner Verantwortung tätigen Person, die der Schweigepflicht unterliegt, verarbeitet werden. Auf der sicheren Seite bist du, wenn du dir für die Verarbeitung die Einwilligung deines Patienten einholst.

Zusammenfassend gesagt: Bevor du Daten erhebst, verarbeitest oder weitergibst, solltest du prüfen, ob hierfür eine Rechtsgrundlage besteht und die Datenverarbeitung im Verarbeitungsverzeichnis dokumentieren.

Was ist eine Auftragsverarbeitung?

Als Heilpraktiker oder Therapeut nutzt du höchstwahrscheinlich eine Online-Abrechnungssoftware und überlässt die Wartung der Praxis-EDV einem externen Dienstleister. In diesem Fall spricht man von einer Auftragsverarbeitung. Um den Datenschutz zu gewährleisten, solltest du mit jedem externen Anbieter einen Vertrag schließen. Ansonsten müsstest du dir die Einwilligung eines jeden einzelnen Klienten einholen.

IT-Sicherheit und Verfügbarkeit der Daten

Die IT-Sicherheit ist ein wichtiges Thema im Datenschutz. Um vertrauliche Daten zu schützen, bist du laut DSGVO dazu verpflichtet, dich gegen mögliche Risiken zu wappnen. Das kann ein Hacking-Angriff sein oder ein System-Absturz mit ungewolltem Datenverlust.

Geeignete Schutzmaßnahmen sind zum Beispiel eine regemäßige Datensicherung und die Datenverschlüsselung. Am besten lässt du dir von einem IT-Fachmann ein Sicherheitskonzept erstellen und umsetzen. Ferner sollte die IT-Sicherheit regelmäßig auf ihre Wirksamkeit hin überprüft werden

Muss ich einen Datenschutzbeauftragten benennen?

Sofern es in deiner Praxis mindestens 10 Personen gibt, die mit der Verarbeitung von personenbezogenen Daten beschäftigt sind, musst du einen Datenschutzbeauftragten benennen.

Führst du eine Einzelpraxis, so besagt der Erwägungsgrund 91 der DSGVO folgendes:

"Erfolgt eine Verarbeitung von Patienten- oder Mandantendaten durch einen einzelnen Arzt oder einen sonstigen Angehörigen eines Gesundheitsberufs oder Rechtsanwalt, handelt es sich regelmäßig nicht um eine die Benennungspflicht auslösende umfangreiche Datenverarbeitung."

Welche Rechte haben Personen, deren Daten verarbeitet werden?

Deine Patienten haben jederzeit das Recht, vollumfänglich und transparent zu erfahren, wie und auf welcher Rechtsgrundlage ihre Daten verarbeitet und eventuell Dritten zugänglich gemacht werden. Das kann zum Beispiel in Form eines Merkblatts geschehen, das du dem Klienten zu Beginn einer Behandlung aushändigst. Des Weiteren musst du ihn auch über die Dauer der Datenspeicherung und dem Bestehen eines Beschwerderechts bei einer Aufsichtsbehörde informieren.

Wie oben bereits erwähnt, können Verstöße ein empfindliches Bußgeld nach sich ziehen. Dem Patienten steht zusätzlich noch ein Recht auf Schadenersatz zu.

Unsere dringende Empfehlung lautet: Ziehe bei dieser komplexen Thematik unbedingt einen Experten hinzu.

2.6 WISSENSWERTES ZUM THEMA HEILMITTELWERBEGESETZ (HWG)

Das Heilmittelwerbegesetz (HWG) dient dem Verbraucher- und Patientenschutz und regelt die Werbung für Arzneimittel, Heilverfahren und medizinische Produkte. Nachfolgend erfährst du, was du als Therapeut und Heilpraktiker beim HWG beachten solltest.

Welche Werbeaussagen sind nicht zulässig?

Gemäß dem Heilmittelwerbegesetz ist es Heilpraktikern und Therapeuten untersagt, Heilversprechen abzugeben und Aussagen zur Wirkung eines Heilmittels oder einer Behandlungstherapie zu machen. Deshalb solltest du generell folgendes beachten:

- Wirb nicht damit, dass durch ein Heilmittel oder ein Therapieverfahren ein Behandlungserfolg mit Sicherheit erzielt werden kann.

- Beachte, dass Werbung für Fernbehandlungen verboten ist.

- Es ist ebenfalls untersagt, mit nicht-wissenschaftlichen Gutachten oder Zeugnissen zu werben.

- Deine Werbung darf sich nicht an Kinder unter 14 Jahren richten.

- Du darfst nicht für verschreibungspflichtige Arzneimittel werben.

- Ebenfalls verboten ist Werbung, die suggeriert, dass die Gesundheit bei Nicht-Verwendung eines Heilmittels Schaden nehmen könnte.

- Deine Werbeaussage muss als Werbung eindeutig erkennbar sein.

Übrigens: Das HWG unterscheidet, ob sich Werbeaussagen an ein Fachpublikum oder an Laien wenden. Im letzteren Fall ist die Auslegung deutlich strenger.

Welche Werbeaussagen sind zulässig?

Folgende Werbemaßnahmen sind laut HWG erlaubt, sofern sie nicht „missbräuchlich, abstoßend oder irreführend" sind:

- Werbung mit Hinweisen auf wissenschaftliche Studien über die Wirksamkeit von bestimmten Behandlungen: Angenommen, du stößt auf eine wissenschaftliche Studie, die die Wirksamkeit von Hypnosetherapie bei der Gewichtsabnahme untersucht hat, kannst du auf deren Ergebnisse - beispielsweise in einem Presseartikel oder anlässlich eines Vortrags - selbstverständlich hinweisen.

- Werbung mit Dankesschreiben, Empfehlungen oder Klienten-Bewertungen:
  Mit ausdrücklicher Genehmigung deiner Klienten darfst du deren Dankes- oder Empfehlungsschreiben auf deiner Praxis-Homepage veröffentlichen, ebenso positive Rezensionen auf relevanten Portalen.

- Werbung mit Bildern, die den Therapeuten bei der Behandlung zeigen oder mit Bildern, die vor und nach einer Behandlung aufgenommen wurden: Diese Werbemaßnahme ist seit der letzten Reform des HWG im Jahr 2012 erlaubt. Natürlich unter der Bedingung, dass die Vorher-Nachher-Bilder tatsächlich echt sind (die Einwilligung des Klienten natürlich stets vorausgesetzt). Behandlungsbilder können deinen Therapieansatz näher erklären und Interessierten Einblick in deine Praxis gewähren.

Zusammenfassend gesagt darf in deine Marketingmaßnahmen alles einfließen, was deine Person und deinen Werdegang betrifft. Erlaubt ist es auch, deinen Behandlungsansatz als Therapeut oder Heilpraktiker zu erläutern sowie über die entsprechenden Maßnahmen/Heilmittel zu informieren. Wenn du einem Klienten erfolgreich unterstützen konntest, darfst du auch das illustrieren, sofern es sich um die Schilderung / Darstellung eines einzelnen Falls handelt und kein Heilversprechen beinhaltet, zum Beispiel, dass deine Behandlung garantiert bei jedem Patienten Wirkung zeigt.

Solltest du dir unsicher sein, wende dich einfach an den bundesweiten oder deinen regionalen Heilpraktiker-Berufsverband.

3.

WIE DU DICH ALS HEILPRAKTIKER ODER THERAPEUT ERFOLGREICH POSITIONIERST

Als Therapeut oder Heilpraktiker bist du nicht allein auf weiter Flur, sondern von Mitbewerbern umgeben. Um eine erfolgreiche Praxis zu führen, ist eine klare Positionierung von hoher Bedeutung. Sie sorgt dafür, dass potenzielle Klienten dich und dein Behandlungsangebot nicht nur wahrnehmen, sondern es auch in Anspruch nehmen. Dabei ist es wichtig, dass das, was du anbietest, mit den Bedürfnissen deiner Hilfe suchenden Patienten übereinstimmt.

Um dich bei deiner erfolgreichen Positionierung zu unterstützen, gehen wir zunächst auf grundsätzliche Überlegungen ein, die du zu diesem Thema anstellen solltest. Außerdem erfährst du in diesem Kapitel, wie du Markenaufbau betreibst und wie du dich als Experte präsentierst. Des Weiteren geben wir dir Tipps, wie du mit Behandlungspaketen und Vorträgen mehr Patienten gewinnst.

3.1 GRUNDSÄTZLICHE ÜBERLEGUNGEN ZU DEINER POSITIONIERUNG

Es lohnt sich, vor der Eröffnung oder einer Neuausrichtung deiner Praxis Zeit zu investieren und eine Positionierungs-Strategie aufzusetzen. Welche Leistungen bietest du, welche möchtest du bevorzugt anbieten? Was sind deine beruflichen und persönlichen Ziele und wo möchtest du in drei oder fünf Jahren stehen? Halte alles schriftlich fest und beschäftige dich anschließend intensiv mit den nachfolgenden Fragen

Die Kernfrage: Zu welcher Zielgruppe passt dein Angebot?

Angenommen, du hast dich mit deiner Praxis auf Akupunktur-Behandlungen spezialisiert, die die Reduzierung von Schmerzen hilfreich unterstützen können. Deine Zielgruppe dürften dann zunächst Menschen sein, die beispielsweise unter chronischen Kopf- bzw. Rückenschmerzen oder an Unterleibserkrankungen leiden und sich Linderung erhoffen.

Welches Behandlungsangebot kannst du deiner Zielgruppe unterbreiten?

Dein Angebot könnte im obengenannten Fall allgemein erst einmal wie folgt lauten:

Deine Beschwerden beeinträchtigen sowohl dein privates als auch dein berufliches Leben. Mithilfe der Akupunktur-Behandlung unterstütze ich deinen Heilungsprozess und gebe dir damit die Chance, wieder mehr Lebensfreude zu empfinden, die womöglich durch die chronischen Schmerzen arg beeinträchtigt wurde. Auch die Ausübung deines Berufs dürfte dir ohne Leiden wieder leichter fallen.

Was unterscheidet deine Kompetenzen von denen deiner Wettbewerber?

Tatsächlich werden auch andere Schmerztherapeuten vor Ort potenziellen Klienten ein ähnliches Angebot unterbreiten. Deshalb solltest du dir unbedingt folgende Fragen stellen:

Wodurch unterscheide sich dein Behandlungsangebot von denen deiner Wettbewerbern?

- Hast du ein Alleinstellungsmerkmal, zum Beispiel besondere Fortbildungen, attraktive Behandlungspakete oder ein spezielles Beratungssystem?

- Welchen Vorteil bringt es Menschen, sich für deine Praxis zu entscheiden?

- Welche Nischen kannst möglicherweise mit deiner Expertise besetzen?

Modifiziere dein allgemeines Behandlungsangebot um die Antworten auf diese Fragen und formuliere eine einmalige, individuelle Botschaft so, dass sie den Weg in die Köpfe und - ebenfalls wichtig - in die Herzen bestehender und künftiger Patienten findet. Vielleicht arbeitest du ja besonders gerne mit Frauen und hast spezielle Fortbildungen gemacht, um sie mit Akupunkturbehandlungen und viel Empathie bei Menstruationsbeschwerden oder bei Problemen in den Wechseljahren erfolgreich zu unterstützen. Dieses individuelle Angebot sollte sich dann in allen deinen Praxismarketing-Maßnahmen widerspiegeln, wozu beispielsweise ein stimmiges Design mit einer passenden Bildsprache für deine Praxis-Homepage und Infobroschüren gehört.

Neben einem zielgruppengerechten Behandlungsangebot mit entsprechendem Marketing ist für eine erfolgreiche Positionierung noch eines von Bedeutung:

Lebe, wofür du stehst

Um einen bleibenden Eindruck zu hinterlassen, ist es gerade als Heilpraktiker und Therapeut wichtig, dass du dein Behandlungsangebot sozusagen nach außen hin auch "lebst". So empfinden dich deine Klienten als glaubwürdig. Sie bauen Vertrauen auf, kommen gerne wieder und empfehlen dich begeistert im Familien- und Freundeskreis weiter. Folgende Fragen können dir dabei als Inspiration dienen:

- Entspricht dein Auftreten (Kleidung, Arbeitsmittel etc.) und deine innere Haltung den Erwartungen deiner Zielgruppe?

- Passt deine Praxiseinrichtung zu deiner Zielgruppe, so dass sie sich sofort wohl fühlt?

- Wie kannst dich passend zu deiner Expertise beispielsweise ehrenamtlich vor Ort engagieren?

- Bei welchen Veranstaltungen kannst du dich als glaubwürdiger Experte beweisen und erfolgreich netzwerken?

3.2 WIE DU ZU EINER MARKE WIRST – SECHS TIPPS

Zu einer Marke werden – das ist auch für Therapeuten und Heilpraktiker von zentraler Bedeutung, denn deine (künftigen) Klienten möchten gerne wissen, wofür du stehst und worin du ein Experte deines Fachs bist. Deshalb möchten wir dir nachfolgend sechs Tipps zum Markenaufbau – auch als Branding bezeichnet – mit auf den Weg geben.

1. Personas bilden: Tauche noch tiefer in deine Zielgruppe ein

Du hast dich bei der Erarbeitung einer Positionierungsstrategie schon ausgiebig mit deiner Wunsch-Zielgruppe – auch als Personas bezeichnet – beschäftigt. Jetzt tauche noch ein wenig tiefer ein: Wie alt sind deine Wunsch-Klienten? Männlich oder weiblich? Wie leben sie? Was bewegt sie? Wie kannst du ihnen behilflich sein und mit welchen Vorbehalten musst du eventuell rechnen?

Alle diese Fragen sind nicht zuletzt deshalb wichtig, weil du viele Informationen aus den Antworten ableiten kannst. Du erhältst Auskunft darüber, wie du dich und deine Expertise nach außen darstellen solltest, um von deiner Wunsch-Zielgruppe wahrgenommen zu werden. Ferner kannst du Rückschlüsse daraus ziehen, auf welchen Social-Media-Plattformen sie sich bevorzugt aufhält und für welche Medien sie sich interessiert.

Personas zu erstellen benötigt etwas Zeit, aber kein Geld. Hier findest du einen hilfreichen Link zu einer kostenlose Vorlage, die dir wichtigen Input für die Beschäftigung mit deinen Wunsch-Klienten liefert:

https://offers.hubspot.de/kostenlose-vorlage-buyer-personas

2. Entwickle die perfekte Markenbotschaft für deine Wunsch-Patienten

Du kennst nun deine bevorzugte Zielgruppe, jetzt geht es um die richtige Ansprache. Nehmen wir an, du hast dich auf Stress-Reduktion und Burn-Out-

Prophylaxe spezialisiert. Deine bevorzugte Zielgruppe sind berufstätige Mütter, die häufig aufgrund der Doppelbelastung Familie / Karriere zu stressbedingten Erschöpfungszuständen neigen. Sie stammen aus der mittleren oder gehobenen Einkommensschicht, sind top ausgebildet und streben auch als Mutter eine berufliche Weiterentwicklung an. Sie leben durchaus bewusst, neigen aber ein Stück weit zur Perfektion, was die Gefahr eines Burn-Outs erhöhen kann.

Deine Überlegungen sollten nun in die folgende Richtung gehen: Wo halten sich diese Frauen auf, wie erreichst du sie und mit welcher Botschaft und mit welcher Tonalität solltest du sie auf deiner Homepage, mit deinen Praxis-Flyern, auf Vorträgen oder auf Social Media ansprechen? Formuliere deine Botschaft, mit der du deiner Zielgruppe begegnen möchtest, deutlich und mache dabei klar, für welche Werte du stehst, was deine Expertise ist und warum genau du der richtige Therapeut in problematischen Situationen für sie bist.

3. Nutze die richtigen Social-Media-Kanäle

Ein hilfreiches Tool von pewresearch.org bietet dir eine Aufstellung von sozio-demographischen Daten für alle wichtigen sozialen Netzwerke, denen du entnehmen kannst, wo sich deine Zielgruppe aufhält. Bleiben wir beim Beispiel der berufstätigen Mütter, dürften das zum einen Berufsportale wie Xing oder LinkedIn, aber auch eine Plattform wie Instagram sein, die sie zur Entspannung nutzen, wenn die Kinder abends im Bett sind. Du könntest also beispielsweise auf Xing interessante Artikel zum Thema Burn Out-Prophylaxe oder Zeit-Management teilen und auf Instagram Tipps geben, wie man mit Atem-Übungen zur Ruhe kommen kann.

Hier geht es zur Aufstellung:

https://www.pewresearch.org/internet/2015/08/19/the-demographics-of-social-media-users/

4. Werde zum Blogger

Neben Empfehlungen und Bewertungen sind Blogs mittlerweile für viele User eine Informationsquelle, der sie vertrauen. Überlege dir, welche Suchbegriffe deine Zielgruppe googeln könnte und schreibe dazu informative und relevante Beiträge mit vielen nützlichen Tipps. Nutze Social-Media als Hebel, um deine Blogposts zu verbreiten und erhöhe damit deine Reichweite. Auch Google liebt Blogs mit nützlichen Inhalten für User und entsprechend weit oben kannst du in den Suchergebnissen erscheinen – vor allem wenn du regelmäßig Artikel veröffentlichst. Klar kostet es Zeit, einen Blog zu führen und regelmäßig mit spannenden Inhalten zu bestücken, aber der Aufwand lohnt sich mit Sicherheit.

5. Biete deinen Klienten einen top Service

Sorge dafür, dass deine bestehenden und künftigen Klienten ganz bequem über einen Online-Kalender auf deiner (mobil optimierten) Website einen Termin mit dir vereinbaren oder dich gleich mit einem Klick auf dein Google My-Business-Profil kontaktieren können. Führe dir dabei vor Augen: Menschen googlen ein Problem und sie möchten eine schnelle Lösung. Wenn du es ihnen dabei so einfach wie möglich machst, sammelst du bereits die ersten Pluspunkte. Ein weiterer Service, den künftige Patienten sehr zu schätzen wissen, ist ein kostenloses telefonisches Erstgespräch, bei dem beide Seiten einen ersten Eindruck voneinander gewinnen können. So wie manche Onlinehändler einen top Kundenservice bieten, um sich von der Konkurrenz abzuheben, kannst du mit dem richtigen Patienten-Service deine Marke und deine Reputation stärken.

6. Suche dir starke Partner

Bis eine Marke etabliert ist, dauert es natürlich eine Zeit lang, gerade wenn du mit deiner Praxis ganz am Anfang stehst. Hast du dir schon mal überlegt, mit welchen Partnern du dich vernetzen könntest, die bereits erfolgreich auf dem Markt sind und denen deine Zielgruppe vertraut? Im Marketing nennt man dieses Vorgehen Co-Branding. Wie könnte so etwas aussehen? Vielleicht tust du dich ja mit einer Frauenarzt-Praxis oder einer Apotheke zusammen, die von deiner Expertise überzeugt sind und dich gerne weiterempfehlen und dir Patienten schicken. Im Gegenzug kann die Praxis als Zusatzleistung "Stress-Reduktion" und die Apotheke Beratung zur Burn-Out-Prophylaxe in ihren Leistungskatalog aufnehmen.

Wichtig dabei ist auf jeden Fall, dass daraus eine Win-win-Situation für alle

Beteiligten entsteht: für deine Klienten, deine Partner und dich.

3.3 FINDE DEIN LIEBLINGSTHEMA UND GEH DAMIT RAUS

Wahrscheinlich gehst du bei deiner Tätigkeit als Therapeut und Heilpraktiker sowieso deiner Berufung nach und bist glücklich dabei, Menschen unterstützend zu begleiten. Aber gibt es da nicht auch etwas, wofür du so richtig brennst? Liebst du es beispielsweise, zu meditieren und begeisterst du deine Klienten damit? Dann sollte die Welt da draußen unbedingt erfahren, dass du die Expertin in Sachen Meditation bist. Wir zeigen dir, mit welchen Mitteln das funktionieren kann.

Überlege dir zunächst, wie du mit deiner Expertise Menschen beziehungsweise deiner Community etwas Gutes tun kannst. Denn jeder von uns freut sich über Anregungen, relevante Informationen, Tipps und Tricks zu einem Thema, das uns interessiert. Hast du bereits eine Follower-Community auf Social Media, kannst du sie mit verschiedenen Aktionen sicher als Multiplikatoren gewinnen. Informiere sie darüber, wenn es von dir etwas Neues gibt und poste den Link zum Teilen dazu. Es gibt unzählige Möglichkeiten. Nachfolgend haben wir ein paar Anregungen für dich. Hierzu greifen wir das Thema Meditation nochmal auf:

Nimm einen Podcast auf

Einen Podcast zu erstellen, ist heutzutage kein Hexenwerk mehr. Das wichtigste Equipment ist das Mikrofon deines Smartphones und los geht's. Erstell dir eine Liste, die die verschiedensten Aspekte deines Lieblingsthemas enthält. Dann erzähl im Podcast davon, wie regelmäßiges Meditieren den Blutdruck deutlich senken kann. Du kannst den Podcast dann beispielsweise auf SoundCloud, Spotify oder iTunes hochladen. Lass regelmäßig von dir hören und freue dich über neue Abonnenten.

Werde zum Youtuber

Einen Podcast kannst du als Audio- oder Videodatei aufnehmen. Aber wie wäre es, wenn du die Videodatei auf deinem Youtube-Kanal hochlädst? Dann hast du quasi schon zwei Plattformen mit Inhalten bespielt und Interessierte sehen dich "live in Action" und können somit gleich einen ersten Eindruck von dir gewinnen. Vielleicht magst du aus deinen Videos einen Online-Kurs erstellen, den du deinen Newsletter-Abonnenten im Mitglieder-Bereich deiner Website - gegebenenfalls gegen einen kleinen Obolus - zur Verfügung stellst.

Stelle kostenloses Material zum Downloaden zur Verfügung

Da du die Expertin für Meditation bist, kannst du auch auf deiner Website kostenlose Meditationen zum Download zur Verfügung stellen. Der User muss sich dafür nur mit seiner E-Mail-Adresse registrieren und wird anschließend zum Downloadbereich weitergeleitet. Wenn der User ausdrücklich zustimmt, kannst du ihn auch in deinen Newsletter-Verteiler aufnehmen.

Schreibe ein Buch

Ein Buch zu verfassen, ist eine ausgezeichnete Möglichkeit, dich als Experte deines Fachs zu präsentieren - gerade, wenn du viel von deinem fundierten Wissen weitergeben möchtest. Das Schreiben ist jetzt nicht so dein Ding? Dann nimm dir professionelle Hilfe mit ins Boot. Such dir einen Freelancer, der das, was du zu sagen hast, ausdrucksstark formuliert. Dein Buch kannst du dann beispielsweise über Amazon verkaufen.

3.4 WIE DU EINEN SPANNENDEN VORTRAG HÄLTST, DICH DABEI ALS EXPERTE POSITIONIERST UND NEUE PATIENTEN GEWINNST

Ein ausgezeichneter Weg, dich als Experte auf deinem Fachgebiet zu präsentieren, sind Vorträge. Deshalb wollen wir diesem Thema etwas mehr Raum geben und dir zeigen, wie du mit relevanten Themen und einem fesselnden Vortragsstil neue Klienten gewinnen kannst.

Natürlich kannst du einen Vortrag in deiner Praxis halten. Hast du diese jedoch erst kürzlich eröffnet, empfiehlt es sich eher, dich mit Einrichtungen zu vernetzen, die bereits ein Stammpublikum haben. Das kann zum Beispiel die Vortragsreihe zu Gesundheitsthemen an der Volkshochschule sein, die du mit deinem Fachwissen bereicherst, aber je nach Thema auch Apotheken oder ein Yoga-Studio.

Damit auch viele Interessierte zu deinem Vortrag erscheinen, lohnt es sich, vorab Themen zu recherchieren, die deine Zielgruppe faszinieren und über die sie mehr erfahren möchte. Vielleicht gibt es ja auch einen aktuellen "Aufhänger", über den in den Medien und in den Social Networks viel diskutiert wird, zum Beispiel den Anstieg von psychischen Erkrankungen wie Depressionen oder Burnout. Auch Themen wie gesunde Ernährung oder Achtsamkeit spielen nach wie vor eine große Rolle.

Und nun unsere Tipps, wie du deinen Vortrag spannend gestaltest:

Gib deinem Thema einen Titel, der neugierig macht

Höchstwahrscheinlich wirst du deinen Vortrag ankündigen - ob auf deinem Blog, auf Social Media oder mit einer Pressemeldung. Dabei ist es wichtig, dass du deinem Vortragsthema einen möglichst aussagekräftigen Titel gibst, der Aufmerksamkeit erregt und neugierig macht. Auch sollte der Titel den Menschen sagen: Dieser Vortrag ist nützlich für mich.

Ein Beispiel: Welcher Vortrag würde dich mehr interessieren?

- Die ayurvedische Ernährungslehre
- So ernähren Sie sich richtig - gesund und fit mit Ayurveda

Auf den Stil kommt es an - so fesselst du deine Zuhörer

Natürlich hast du als Experte auf deinem Gebiet ein großes Fachwissen. Halte dir aber vor Augen, dass dein Publikum vor allem aus Laien besteht, deren Interesse und Aufmerksamkeit schnell erlischt, wenn du mit Fachbegriffen nur so um dich wirfst. Achte also auf eine möglichst für alle verständliche Sprache. Wie kannst du deine Zuhörer noch begeistern?

- Beginne deinen Vortrag mit einer Anekdote oder einer witzigen Geschichte, in der sich dein Publikum sofort wiederfindet.
- Verwende lebendige Bilder und Metaphern aus dem Alltagsleben, um deinen Vortrag lebendig und verständlich zu gestalten.
- Stelle immer wieder Fragen ans Publikum und ermutige deine Zuhörer, ihrerseits nachzufragen. Damit gehst du nicht nur sicher, dass du richtig

verstanden worden bist, sondern du hältst auch die Aufmerksamkeit wach.

- Zeige Emotionen. Lass die Zuhörer deine Begeisterung für dein Thema spüren, vermittle ihnen, dass dir ihr Wohlbefinden am Herzen liegt.

- Gib den Menschen den ein oder anderen wertvollen und hilfreichen Tipp mit auf den Weg, den sie zuhause sofort umsetzen können, zum Beispiel eine wirkungsvolle Atemübung zum Entspannen.

- Halte Augenkontakt zu deinem Publikum und lasse deinen Blick immer wieder in die Runde schweifen.

- Achte auf eine entspannte Körperhaltung und unterstreiche das Gesagte hin und wieder durch kleine Gesten.

Wir sind uns sehr sicher, dass du nach einem solch gelungenen Vortrag den ein oder anderen neuen Klienten gewinnst.

3.5 POSITIONIERE DICH MIT SPEZIELLEN BEHANDLUNGSPAKETEN

Ob Stressbewältigung, Raucherentwöhnung oder Geburtsvorbereitung – in zahlreichen Fällen kannst du als Therapeut oder Heilpraktiker durch Behandlungspakete deinen Praxiserfolg und die Anzahl deiner Patienten steigern. An dieser Stelle geben wir dir Beispiele für solche Pakete und zeigen dir, welche Vorteile du und deine Klienten davon haben.

Was meinen wir eigentlich mit Behandlungspaketen? Angenommen, du weißt als Hypnosetherapeut aus deiner täglichen Praxis, dass beim Thema Gewichtsreduktion meist drei bis fünf Sitzungen für eine erfolgreiche Behandlung nötig sind. Nun können deine Klienten die Sitzungen selbstverständlich einzeln buchen, aber wie wäre es, wenn du ihnen ein Behandlungspaket "Nachhaltig Gewicht verlieren" anbietest, das aus einem ausführlichen Anamnese-Gespräch und 4 Hypnosesitzungen besteht? Die Patienten buchen und bezahlen im Vorfeld das gesamte Paket – im Gegenzug kommst du ihnen mit einem Rabatt entgegen.

Der Vorzug eines Behandlungspakets für deine Klienten ist zunächst einmal ein finanzieller, denn durch den Preisnachlass, den du gewährst, sparen sie Geld. Gleichzeitig ist mit deinem Paket der Behandlungsumfang nicht nur finanziell, sondern auch zeitlich definiert. Das wiederum schafft Transparenz und Vertrauen, denn die Patienten müssen nicht die Sorge haben, eventuell „zu viele" Sitzungen zu bezahlen.

Für dich als Heilpraktiker oder Therapeut liegt der große Vorteil von Behandlungspaketen auf der Hand: Sie gewähren dir zum einen eine bessere finanzielle aber auch zeitliche Planbarkeit. Es ist dir sicher auch schon passiert, dass potenzielle Klienten nach einem Erstgespräch keine weiteren Termine gebucht haben, aus welchen Gründen auch immer. Patienten, die wiederum eine bestimmte Anzahl von Behandlungen im Voraus bezahlt haben, nehmen diese in der Regel auch wahr.

Wie du dein Paket schnürst, hängt natürlich von den von dir angewandten Heilverfahren ab. Arbeitest du beispielsweise als Heilpraktikerin viel mit Frauen, könntest du ein Paket "Geburtsbegleitung" anbieten, das das Erlernen von Schmerz lindernden Atemtechniken, die Kräftigung des Beckenbodens vor und nach der Geburt und die nötigen Handgriffe für eine Bauchmassage im Wochenbett umfasst. Im Paket "Raucherentwöhnung" kann ein Therapeut zum Beispiel vier Hypnosesitzungen mit einer Akupunkturbehandlung kombinieren.

Was du beachten solltest

Zunächst einmal gilt es, den Paket-Rabatt so zu kalkulieren, dass du einerseits zufrieden mit der Bezahlung bist und andererseits deine Klienten das Gefühl haben, eine gute Summe Geld gespart zu haben.

Weitere Anregungen:

- Überlege, ob du neben einem Preisnachlass auch einen Gruppen-Rabatt anbieten möchtest. Das wäre ein attraktives Angebot, u.a. für Freundinnen, die gemeinsam das Rauchen aufgeben möchten.

- Vielleicht gibt es auch je nach Jahreszeit Aktionen, die du planen kannst, beispielsweise Sitzungspakete zur Stärkung des Immunsystems für den Winter oder Behandlungspakete für Allergiker vor Beginn der Pollensaison.

- Wie verfährst du, wenn ein Klient das Behandlungspaket nur teilweise wahrnimmt und die Therapie abbricht? Gewährst du eine teilweise Rückerstattung? Wenn nicht, solltest du deine Patienten darauf hinweisen, zum Beispiel im Leistungs- und Preisverzeichnis auf deiner Praxis-Homepage. Gleichzeitig solltest du dir Gedanken machen, wie dein Angebot aussieht, wenn die das Paket umfassenden Stunden wider Erwarten doch nicht ausreichen. Zu welchen Konditionen könntest du die benötigten Folgestunden anbieten, um ein mögliches Gefühl von Enttäuschung bei deinen Klienten abzumildern?

- Last but not least – mach deine Behandlungspakete bekannt
  Sehr wichtig ist es, dass bestehende und potenzielle Klienten von deinem besonderen Angebot erfahren. Es sollte sich deshalb nicht nur auf deiner Website finden, sondern erzähl auch auf Social Media, auf deinem Blog oder in deinen Newslettern davon. Du kannst dein Angebot an Behandlungspaketen auch als Flyer drucken lassen, den du bei passenden Partnern, zum Beispiel in Apotheken oder Yogastudios, auslegst.

4.

MIT DEM RICHTIGEN MINDSET ZU MEHR PRAXISERFOLG

Es scheint wie verhext: Du bist Heilpraktiker oder Therapeut, hast eine schicke Praxis und einen tollen Webauftritt. Deine Positionierung ist top und du investierst zum Beispiel in Google Adwords. Doch alle Marketingmaßnahmen scheinen wirkungslos zu verpuffen, sprich, du gewinnst damit einfach keine Patienten. In diesem Kapitel werden wir auf deine innere Haltung zum Thema Erfolg eingehen und der Frage auf den Grund gehen, warum es bei dir einfach finanziell nicht läuft. Des Weiteren beschäftigen wir uns mit der Frage, ob es eigentlich genügend Patienten für alle Heilpraktiker und Therapeuten gibt. Du erfährst ferner, was eine Thai-Massage mit Marketing zu tun hat und warum dem Mutigen die Welt gehört.

4.1 MINDSET – DEIN DENKEN ENTSCHEIDET ÜBER DEINEN ERFOLG

Der Begriff Mindset steht für eine innere Haltung, eine Denkweise oder eine Werteorientierung zu einem bestimmten Thema. Prägend für die eigene Gesinnung sind die Erfahrungen, die wir von frühester Kindheit an gemacht haben. Sie führen zu Glaubenssätzen, die wir verinnerlichen, formen unser Denken und wirken sich auf unser tägliches Verhalten, unsere Erwartungen und unsere Ausstrahlung nach außen aus – häufig auch unbewusst.

Deine therapeutische Praxis ist ein Unternehmen, das du Chef leitest. Und wie heißt es im Volksmund so schön: „Der Fisch stinkt vom Kopf her". Das bedeutet, dass deine innere Einstellung entscheidend für deinen Praxis-Erfolg ist.

Oder anders ausgedrückt: Du bist der Kopf deines Unternehmens, dein Denken entscheidet.

Denkst du beispielsweise,

- dass es schwierig ist, sich gegen zahlreiche Konkurrenten durchzusetzen?
- dass du froh sein kannst, wenn du mit deiner Praxis trotz harter Arbeit nur das Nötigste verdienst, um über die Runden zu kommen?
- dass deine Tätigkeit als Therapeut und Heilpraktiker weniger wert ist als ein Medizinstudium?
- dass ein Heilberuf und finanzieller Erfolg nicht zusammen passen?
- dass reiche Menschen sowieso nur egoistisch und arrogant sind und du so nicht sein möchtest?

Dann solltest du ganz schnell deine innere Haltung überprüfen und Blockaden beziehungsweise unbewusste Glaubenssätze, die deinem Erfolg im Wege stehen, auflösen. Denn negatives Denken bewirkt eine negative Ausstrahlung. Und mit der wiederum lassen sich schwer Klienten gewinnen, allen Praxismarketing-Maßnahmen zum Trotz.

Wie fühlt es sich an, dir die beste Version deiner Praxis auszumalen, in der du zahlreiche Patienten unterstützend begleitest und damit richtig gutes Geld verdienst, weil deine zufriedenen Klienten dich gerne weiterempfehlen und sich bei gesundheitlichen oder psychischen Problemen gerne wieder an dich wenden? Stell dir vor, wie viel Gutes du tun könntest, wenn du reich wärst. Welche sozialen Projekte würdest du unterstützen? Was würdest du in deine persönliche und berufliche Weiterentwicklung investieren, wenn Geld keine Rolle spielen würde?

Schreibe all deine positiven Gedanken und Ideen zum Thema Erfolg und finanzieller Unabhängigkeit auf und lasse das Geschriebene immer wieder auf dich wirken und schau, ob und wie es dein Denken positiv beeinflusst.

Wir glauben: Du darfst als Therapeut und Heilpraktiker erfolgreich sein und reich.

Wenn dich jedoch weiterhin negative Glaubenssätze und Zweifel blockieren, eignet sich die Hypnosetherapie zum Beispiel hervorragend, um die tief liegenden Ursachen für diese Blockaden zu erspüren und sie aufzulösen.

Und wir sind überzeugt: Praxismarketing ist ein wichtiges Instrument zur Klienten-Gewinnung. Doch noch wichtiger ist es, zunächst deine innere Haltung und die eigene Denkweise zum Thema beruflicher und finanzieller Erfolg zu überprüfen, um herauszufinden, wo du dir eventuell selbst im Weg stehst. Sind innere Blockaden erst einmal überwunden, kannst du so richtig loslegen.

4.2 WIE DU DEINEN PERSÖNLICHEN GLAUBENSSÄTZEN AUF DIE SPUR KOMMST

Wir Menschen wollen unsere Glaubenssätze bestätigt sehen. Frei nach dem Motto von Robert Anton Wilson („Der neue Prometheus"): „Was der Denker denkt, wird der Beweisführer beweisen."

Aber sind sie denn wirklich wahr? Oder hatten sie vielleicht früher ihre Berechtigung, sind aber im Hier und Jetzt überhaupt nicht mehr zielführend?

Welche Möglichkeiten hast du, den eigenen Glaubenssätzen auf den Grund zu kommen?

- Höre dir selbst bewusst und aufmerksam beim Sprechen zu. Was sagen deine Worte über dein Denken aus?

- Frage Freunde und Bekannte, wie du aus ihrer Sicht sprichst, denkst und argumentierst. Aus den Antworten kannst du wertvolle Rückschlüsse ziehen.

Auch nachfolgende Übung, die du alleine durchführen kannst, eignet sich sehr gut, positive und negative Glaubenssätze aufzuspüren:

Schreibe spontan deine Antworten auf folgende Fragen auf:

- Reichtum bedeutet für mich ...

- Geld ist /Geld macht ...

- Arbeiten ist ...

- Erfolg ist ...

- Erfolgreich zu sein, bedeutet ...

- Selbstständig zu sein, bedeutet

- Liebe ist ...

Lese dir deine Antworten in Ruhe durch. Wie fühlst du dich dabei? Besonders starke, energiegeladene Glaubenssätze lösen schon beim Lesen sofort intensive Gefühle wie Wut oder Trauer aus. Stelle dir dazu folgende Fragen:

- Wer sagt das eigentlich?

- Von wem kommen diese Glaubenssätze?

- Gehört diese Überzeugung wirklich zu mir?

- Sind diese Sätze denn wirklich wahr?

Anschließend nimmst du dir deine Antworten auf die weiter oben gestellten Fragen noch einmal vor. Markiere positive Glaubenssätze mit einem grünen Stift und negative mit einer anderen Farbe. Formuliere die negativen Sätze in positive Aussagen und Affirmationen um, zum Beispiel so:

Selbstständigkeit bedeutet für mich ständige Existenzängste.

Stattdessen schreibst du:

Ich glaube an meine Kraft und Fähigkeiten, die Selbstständigkeit zu meistern. Ich lasse meine Angst jetzt los und entscheide mich für das Vertrauen in mich selbst.

4.3 GIBT ES GENUG PATIENTEN FÜR ALLE HEILPRAKTIKER UND THERAPEUTEN?

Solltest du dich wirklich mit deiner Praxis in Ballungsgebieten wie München oder Hamburg niederlassen oder stehst du dort mit zu vielen Kollegen in einem harten Konkurrenzkampf um einige wenige Patienten?

Bevor wir diese Frage beantworten, erst einmal ein paar Zahlen und ein Rechenexempel:

Insgesamt praktizieren in Deutschland nach Angaben des Verbands Unabhängiger Heilpraktiker und des Verbands Freier Psychotherapeuten ca. 46.000 Heilpraktiker, Heilpraktiker für Psychotherapie und Psychologische Berater (Stand 2018). Im Jahr 2019 lag die Einwohnerzahl in Deutschland bei 83 Millionen. Grob gerechnet, bedeutet dies mehr als 1800 potenzielle Klienten pro Heilpraktiker. Würde nur jeder Zehnte davon jährlich etwa 400 Euro für alternative Heil- und Therapieverfahren ausgeben, wären das pro Heilpraktiker / Therapeut 72.000 Euro brutto.

Mit diesem Beispiel möchten wir dir aufzeigen, dass es in ganz Deutschland tatsächlich ein großes und realistisches Potential an Patienten für jeden Therapeuten und Heilpraktiker gibt, das es auszuschöpfen gilt.

Dass unser oben angeführtes Exempel nicht unrealistisch ist, zeigt auch eine Umfrage von YouGov und Statista aus dem Jahr 2017. Aus ihr geht hervor, dass 46 Prozent der Deutschen sich schon einmal in naturheilkundliche Behandlung begeben haben. 13 Prozent der Befragten gaben an, regelmäßig eine Heilpraktiker-Praxis aufzusuchen. Tendenz steigend.

Einer der Gründe für das gesteigerte Interesse an alternativen Heilverfahren dürfte unser überlastetes Gesundheitssystem sein. Der Mangel an Pflegekräften und Ärzten, steigende Patientenzahlen und ein immer höherer Verwaltungsaufwand bringen die schulmedizinische Versorgung an ihre Grenzen. Kranke werden zur Fallnummer. Für eine adäquate – und vor allem eine ganzheitliche – Versorgung fehlt es dem Klinikpersonal und in den Arztpraxen schlicht an Zeit. Hier kann der Besuch bei einem Heilpraktiker eine wertvolle Alternative bieten.

Besonders drastisch ist die Situation für psychisch Erkrankte. Laut der Stiftung Deutsche Depressionshilfe erkranken jährlich 5,3 Millionen Menschen zwischen 18 und 79 Jahren an Depressionen – Tendenz steigend. Ein Erstgespräch mit einem Psychotherapeuten oder einem Psychologen muss seit einer Gesetzesänderung im Jahr 2017 zwar relativ rasch stattfinden. Doch die Wartezeiten auf einen freien Therapieplatz sind beträchtlich. In Großstädten beträgt sie 3 bis 6 Monate, in ländlichen Gebieten sogar 6 bis 12 Monate (Quelle: SWR Wissen, Februar 2018). Rasche Hilfe können Betroffene hingegen bei einem Heilpraktiker für Psychotherapie finden.

Aus dem oben Geschriebenen ergibt sich, dass ein hohes und vor allen Dingen steigendes Patienten-Potenzial für alle Therapeuten und Heilpraktiker vorhanden ist. Das wiederum bedeutet, dass wir nicht in Konkurrenz zueinander stehen müssen. Im Gegenteil. Statt auf Wettbewerb sollten wir verstärkt auf Kooperation und Netzwerken setzen und so gemeinsam den Erfolg aller steigern.

Dazu ein Beispiel: Stell dir vor, du bist Heilpraktiker und deine Klientin hat mit Migräne zu kämpfen. Im Laufe der Behandlung stellt sich heraus, dass es nicht nur körperliche Ursachen für ihre Beschwerden gibt, sondern das Problem tiefer liegt. Wie dankbar wäre nun deine Patientin, wenn du ihr eine einfühlsame Therapeutin empfehlen würdest. Umgekehrt könnte die empfohlene Kollegin einen Klienten zu dir schicken, der während der Behandlung somatisch erkrankt und Hilfe benötigt. Eine Win-win-Situation für alle Beteiligten. Um auf die eingangs gestellte Frage zurückzukommen: Auch wenn du die gefühlt zig-tausendste Praxis in München eröffnest, kannst du aus einem hohen Potenzial an möglichen Patienten schöpfen. Bedenke zudem, dass jeder Therapeut und Heilpraktiker seine ganz individuelle Art hat, seine Klienten erfolgreich zu behandeln. Deshalb solltest du auch keine Angst davor haben, dich in unmittelbarer Nachbarschaft von Berufskollegen niederzulassen - vor allem wenn du dich auf eine bestimmte Zielgruppe spezialisiert hast, du dich zum Beispiel als Hypnosetherapeut vor allem auf die Behandlung von Kindern mit ADHS konzentrierst.

4.4 WARUM LÄUFT DEINE PRAXIS EINFACH NICHT?

Den Beruf des Heilpraktikers oder des Therapeuten zu ergreifen, hat viel mit Berufung zu tun. Viele Kollegen haben ihren früheren Beruf aufgegeben und in eine jahrelange Ausbildung investiert, um Menschen ganzheitlich und einfühlsam bei körperlichen oder psychischen Beschwerden zu begleiten.

Wir finden: Wenn du von ganzem Herzen deine Berufung lebst, so ist es nicht nur dein Recht, sondern quasi auch deine Pflicht, damit richtig gut Geld zu verdienen.

Leider sieht der Alltag vieler Heilpraktiker anders aus. Sie sind wahre Experten auf ihrem Gebiet. Der Internet-Auftritt ist spitze, die Flyer super, die Positionierung und die Außenwirkung passen wunderbar. Und obwohl auch die Preise gut kalkuliert sind, treten immer wieder folgende Probleme auf:

- Der Klient nimmt das kostenlose Erstgespräch in Anspruch und kommt nicht wieder

- Der Klient will den Preis drücken

- Der Klient zahlt nicht oder erst verspätet, nach Aufforderung

Kurz gesagt: Es läuft finanziell einfach nicht und du hast Angst, dass das auch in Zukunft so sein wird. Kommt dir das bekannt vor? Dann lass uns doch gemeinsam nach möglichen Ursachen forschen.

Wir von therapeuten-marketing.de stellen im Gespräch mit Heilpraktikern oder Therapeuten immer wieder fest, dass der finanzielle Erfolg einer Praxis ganz stark mit der eigenen inneren Haltung zu tun hat.

Drehen sich deine Gedanken ständig ums liebe Geld und könnte es sein, dass dein Mindset dazu wie folgt aussieht?

- Mir fehlt das Geld, um mein Auto reparieren zu lassen.
- Ich kann mir diese Fortbildung nicht leisten, denn ich habe kein Geld.
- Ich werde nie genug Geld mit meiner Praxis verdienen und immer geradeso knapp über die Runden kommen.
- Warum hat der Patient die Rechnung wieder nicht bezahlt, wo ich das Geld doch dringend für die Miete brauche.

Merkst du, welch negative Haltung zum Thema Geld sich hier ausdrückt? Alles Denken und Sprechen kreist nur um den Mangel. Und genau das spiegeln dir Klienten, die nicht zahlen können oder wollen, die deinen Preis drücken möchten oder nach dem Erstgespräch nicht wiederkommen, wider. Vielleicht war dir das bis jetzt noch gar nicht so bewusst.

Wie wäre es mit einem Denken in Fülle?

Natürlich werden nicht sofort hunderte von Patienten deine Praxis stürmen, aber wie fühlen sich für dich folgende Gedanken an?

- Mein Beruf ist meine Berufung – ich glaube an meine Fähigkeiten und meinen Erfolg, auch finanziell.
- Meine Arbeit ist wertvoll, ich unterstütze Menschen auf ihrem Weg, wieder gesund zu werden – dafür darf ich auch gutes Geld verlangen.
- Ich darf aus der Fülle schöpfen und im Wohlstand leben.

Alleine einen "blinden Fleck" zu bearbeiten, ist nicht leicht. Vielleicht hast du ja einen Coach deines Vertrauen, an den du dich wenden kannst. Gerne kannst du auch bei therapeuten-marketing.de einen kostenlosen Kennenlerntermin vereinbaren. Dann analysieren wir gemeinsam mit dir deine aktuelle berufliche Situation und schauen, wie wir dich unterstützen können.

4.5 WAS EINE THAI-MASSAGE MIT DEINEM MINDSET ZU TUN HAT

Hast du schon mal eine Thai-Massage genießen dürfen? Vielleicht ist dir dabei aufgefallen, dass es die Massage-Therapeutin null interessiert, ob du Juristin oder Reinigungskraft bist. Sie möchte einfach da sein, ihre Arbeit machen und jedem ihrer Klienten gut tun. Ist es bei dir als Heilpraktiker und Therapeut nicht ähnlich? Willst du deinen Patienten nicht auch die beste Behandlung angedeihen lassen - unabhängig von ihrem gesellschaftlichen Status?

Andererseits haben Heilpraktiker und Therapeuten häufig gerade damit ein Problem, "nur" Heilpraktiker oder Heilpraktiker für Psychotherapie zu sein?

In unseren vielen Gesprächen gewinnen wir von Therapeuten-Marketing den Eindruck, dass genau da viele Angehörige von alternativen Heilberufen der "Schuh drückt". Die Folge davon ist, dass die eigene Expertise eine Abwertung erfährt. Frei nach dem Motto: "Ich habe ja nicht jahrelang Medizin oder Psychologie studiert, wie soll ich denn da mit meinem Abschluss dagegenhalten?"

Da wollen wir mal ganz entschieden gegenhalten: Auch du hast eine fundierte Ausbildung hinter dir, hast dir eine riesige Menge an medizinischem Wissen angeeignet – ohne das du die amtsärztliche Prüfung gar nicht erst bestanden hättest. Du hast Fortbildungen absolviert, hast dich spezialisiert, beispielsweise im Bereich Osteopathie – und du denkst wirklich, dass all das, was du leistest, weniger wert ist als die Arbeit eines Mediziners? Dann ist es höchste Zeit für dich, dir das mal genauer anzuschauen – eventuell mit Unterstützung eines Coaches.

Um sichtbar zu sein, musst du raus und das, was du kannst, der Welt präsentieren. Denn wie sollen potenzielle Klienten von dir und deiner Expertise erfahren, wenn du im stillen Kämmerlein hockst? Als selbstständiger Unternehmer – und genau das bist du als Therapeut und Heilpraktiker mit eigener Praxis – musst du deine Leistungen verkaufen, um erfolgreich zu sein.

Zuckst du beim Wort "verkaufen" innerlich zusammen? Erscheint dir das zu aufdringlich und passt so gar nicht zu dir? Mit verkaufen meinen wir selbstverständlich nicht, dass du von Tür zu Tür gehen sollst, um dein Können anzupreisen. Sondern es bedeutet, Vorträge zu halten, mit Menschen ins Gespräch zu kommen, dich zu vernetzen und dabei die Botschaft auszusenden: Ich habe eine Lösung für dein Problem.

4.6 BIST DU ES DIR WERT? WARUM DU UNBEDINGT IN DICH UND DEINEN AUFTRITT INVESTIEREN SOLLTEST

Folgender Situation begegnen wir immer wieder: Fundiert ausgebildete Heilpraktiker und Therapeuten mit einem immensen Wissen starten mit wenig Geld in die Gründungsphase und versuchen, wo es geht, zu sparen. Da wird die Website mit einem Baukastensystem selbst gebastelt, das Logo selbst entworfen und die Texte selbst geschrieben. Von nicht stattfindenden Marketingmaßnahmen, Suchmaschinen-Optimierung oder Praxis-Flyern wie frisch aus dem Kopiergerät entnommen, ganz zu schweigen.

Ganz sicher musst du dir nicht gleich zu Beginn deiner Gründung riesige Räumlichkeiten suchen. Vielleicht mietest du dich tageweise in eine Praxisgemeinschaft ein, vielleicht hast du ja in deiner Wohnung ausreichend Platz und einen freien Raum, den du dir ansprechend einrichtest und in dem du deiner Berufung nachgehen kannst. Hier musst du dich gerade anfangs nicht in Unkosten stürzen. Doch unerlässlich ist ein professioneller Außenauftritt und den solltest du dir in jedem Fall wert sein. Dafür brauchst du auch keine teure Agentur, sondern du kannst dir auch Freelancer empfehlen lassen, die dir zu einem vernünftigen Preis einen top Auftritt gestalten.

Dein Praxisschild, deine Homepage, deine Infobroschüren spiegeln dich nach außen. Versetze dich einmal in die Lage eines potenziellen Klienten, der sich zum Beispiel auf deiner Website mit dem Handy nicht zurechtfindet, weil sie nicht mobil optimiert ist oder dem du auf einer Veranstaltung einen labberigen Praxisflyer in die Hand drückst. Während du gleichzeitig in deinem Leistungskatalog 90 bis 120 Euro für eine Sitzung aufrufst? Glaubst du wirklich, dein möglicher Klient sagt sich: Ja, das ist halt eine frisch gegründete Praxis, da fehlt es noch ein wenig an Geld? Oder wird er nicht wahrscheinlich daraus schließen: Sehr professionell sieht das alles ja nicht aus? Soll ich da wirklich so viel Geld für eine Behandlung ausgeben, ist dieser Heilpraktiker oder dieser Therapeut denn wirklich kompetent? Und dann kann es geschehen, dass jemand versucht, dein Honorar herunter zu verhandeln. Das wiederum kann nicht in deinem Sinne sein, denn dein Können ist das Geld in jedem Fall wert.

Natürlich raten wir dir an dieser Stelle nicht, dich ins Bodenlose zu verschulden. Aber aus den oben geschilderten Gründen können wir dir nur nahelegen, mit dem besten Handwerkszeug zu starten. Ganz einfach auch deshalb, weil wir möchten, dass du stolz auf deinen gelungenen Online-Auftritt, auf deine Visitenkarten oder dein Praxislogo bist. Und du wirst sehen, dass du dieses gute Gefühl auch auf deine Umgebung ausstrahlst. Du investierst nämlich nicht nur in deine Klienten, sondern zunächst einmal in dich. Und dieses Investment in dich selbst sollte auch nie enden, denn wir hoffen, dass du dir immer neue Ziele setzt, um persönlich und beruflich zu wachsen.

4.7 DEM MUTIGEN GEHÖRT DIE WELT

Mutige Menschen sind zufriedener. Das besagt das Ergebnis einer Studie des Instituts für Wirtschaftsforschung aus dem Jahr 2010, bei der mehr als 20.000 Menschen in Deutschland befragt wurden. Warum ist das so? „Möglicherweise führt eine höhere Risikobereitschaft zu mehr Erfolg im Leben und damit zu einer größeren Zufriedenheit“, so der an der Studie beteiligte Ökonom Thomas Dohmen von der Universität Maastricht.

Für dich als Heilpraktiker und Therapeuten bedeutet das: Wenn du den Mut hast und den Schritt wagst, deine Berufung zu leben, schafft das eine Zufriedenheit, die sich auch in anderen Bereichen deines Lebens bemerkbar machen können. Ebenso ist es natürlich möglich, dass deine Beziehung oder deine Freundschaften so inspirierend und unterstützend sind, dass dir der Sprung in die Selbstständigkeit leichter fällt.

Natürlich „könnte” es sein, dass deine Praxis nicht läuft und du finanziell nicht über die Runden kommst. Aber genauso gut „könnte” es doch auch sein, dass du Erfolg hast, viele Klienten zu dir kommen und du prima von deinem Beruf leben kannst. Doch nicht nur der finanzielle Aspekt zählt, sondern auch die Erfüllung, die du dabei empfindest. Menschen zu helfen, hat einen hohen Wert und stellt eine große Bereicherung dar. Wäre es nicht schade, wenn du dich aus Ängstlichkeit und wegen „könnte, könnte könnte” um solche beglückende Erfahrungen bringst?

Ängste und Selbstzweifel haben häufig ihre Ursache in der Kindheit. Und auch als erwachsene Menschen hören wir vielleicht immer noch von unseren Eltern oder von „wohlmeinenden" Bekannten: „Geh lieber auf Nummer sicher." Ebenfalls gerne gehört: „Es gibt doch eh schon so viele Heilpraktiker hier. Wie willst du denn davon leben können?" oder „Das schaffst du nie."

Versuche, die Angst nicht als Gegner, sondern als Freund zu betrachten, der dich begleitet und zur Vorsicht mahnt, um nicht zu überstürzt Neuland zu betreten. Die Entscheidung für die Selbstständigkeit ist ein Schritt ins Ungewisse. Du weißt nicht, was auf dich zukommt, wie sich die Dinge entwickeln werden, was dich erwartet. Du gehst das Risiko ein, dich zu irren, dich zu blamieren, verletzt oder von anderen Menschen verlassen zu werden. Und genau davor will die Angst dich beschützen. Du solltest sie dafür achten, dich aber nicht von ihr lähmen lassen. Denn Mut bedeutet nicht, frei von Ängsten zu sein, sondern sich ihnen in vollem Bewusstsein zu stellen. Mut schenkt dir die Kraft, Sicherheiten aufzugeben, dich auf unbekanntes Terrain zu begeben, eventuell Brücken hinter dir abzubrechen, aber auch neue zu bauen.

Mach dir hierzu einfach mal Gedanken:

- Was wäre, wenn alles, was du brauchst, um erfolgreich zu sein, schon in dir ist?

- Das Einzige was zählt: Im Hier & Jetzt bleiben.

- Versuche nicht, alles richtig zu machen. Das klappt sowieso nicht.

- Schaffe einen Raum, in dem alles möglich ist und schau einfach mal, was passiert.

- Bedenke: Alles ist möglich, wenn du es dir in deinem Kopf vorstellen kannst!

Und wenn du es tatsächlich nicht schaffst? Dann hast du es zumindest versucht. Und was wäre das Schlimmste am Scheitern? Bleibt am Ende womöglich die Tatsache, dass du dir eine Zeitlang einen neuen Job suchen musst, um finanziell wieder auf die Beine zu kommen. Denn in den seltensten Fällen führt Scheitern dazu, dass du alles verlierst und du arbeits- und wohnungslos unter der Brücke leben musst.

Deshalb glauben wir: Es lohnt sich, deine Angst zu überwinden und den Sprung ins kalte Wasser zu wagen.

4.8 WIE DU DEINE EMOTIONALE STÄRKE FINDEST UND BEHÄLTST - PERSÖNLICHE WORTE VON SANDRA

„Wie findest du und vor allem wie behältst du in der Selbstständigkeit als Unternehmer deine emotionale Stärke? Gute Frage, oder? Ich bin jetzt seit einigen Jahren selbstständig. Und da erlebt man wirklich so einiges an Ups and Downs.

Aber es ist eine Zeit gewesen, die für mich nicht nur herausfordernd war, sondern gleichzeitig auch wunderschön und sehr prägend. Ich möchte keinen Moment davon missen. Und ich wünsche mir, dass ich mein Leben auch in Zukunft in der Selbstständigkeit leben darf. Denn sie ermöglicht mir so viel Kreativität und Freiheit. Ich habe diesen Schritt nie bereut - im Gegenteil: Er war für mich ein echter Befreiungsschlag.

Natürlich ist nicht für jeden der Schritt in die Selbstständigkeit von null auf hundert zu 100 Prozent machbar. Ich habe viele Menschen kennengelernt, die mir gesagt haben, dass sie zunächst noch in Teilzeit angestellt sein möchten, um von dort aus in die Selbstständigkeit starten. Das ist vollkommen in Ordnung so. Du triffst die Entscheidung, wie es sich für dich am besten anfühlt. Und das ist das Allerwichtigste. Du musst dich wohlfühlen, geborgen und getragen. Mit welchem Modell auch immer - du wirst für dich die richtige Wahl treffen.

Für mich war es damals vielleicht einfach den Umständen geschuldet, dass mich ein heiliger Arschtritt direkt in die Selbstständigkeit katapultiert hat. Vielleicht wäre ich gar nicht so weit gesprungen, hätte man mich nicht liebevoll geschubst. Aber es war genau richtig für mich.

Wie aber kannst du deine emotionale Stärke behalten, wenn es richtig schwierig wird? Für mich war es damals (und auch heute noch) wichtig, einen Expertenrat zu haben. Menschen um mich herum zu versammeln, die mich kennen, schätzen und unterstützen. Zu denen ich auch einfach mal hingehen und sagen kann „Wow, heute ist es echt taff und so viel Arbeit und ich kann nicht mehr."

Und zur Antwort erhalte „Hey, ich bin da und wir gehen jetzt einfach mal ein Glas Wein trinken. Und dann erzählst du mir mehr."

Meditation und Achtsamkeitsübungen haben mir geholfen, mir bewusst Auszeiten zu nehmen. Wenn du im therapeutischen Kontext tätig bist, empfehle ich dir Supervisionsgruppen. Schließe dich an, tausche dich aus. Suche dir Menschen, die verstehen, wie es dir geht und dir natürlich auch mit fachlichem Rat und Tat zur Seite stehen.

Intervision – also hilfreiche Tipps von Kollegen – ist auch ein wichtiges Thema. Gerne gebe ich an dich weiter, was mir persönlich immer wieder geholfen hat:

- Meine Räume gründlich durchzulüften und Räucherwerk zu verbrennen.

- Aura Soma hat mir geholfen, mich mit der Wirkung von Farben und Düften wieder in die Balance zu bringen.

- Erdungsübungen: Setz dich einfach ganz ruhig auf den Boden und stelle dir vor, wie durch deine Beine, durch deine Füße Wurzeln ganz tief in die Erde ranken und du dich ganz fest verwurzelt mit der Erde fühlst. Du kannst dir dann auch vorstellen, wie von oben gutes gesundes Licht durch deinen Kopf einströmt und verbrauchte Energie durch deinen Kopf wieder ausströmt.

- Kollegen haben mir auch erzählt, dass sie sich während der Therapiesitzungen vorstellen, sie säßen in einer Art Schutzhülle aus Licht, die sie vor negativen Energien schützt.

- Wie schon erwähnt, sind Auszeiten ein wichtiges Thema. Meine Ausbilderin in der Heilpraktiker-Schule hat uns nahegelegt: „Du bist wie eine volle Schale mit Wasser. Und diese Schale sollte immer gut gefüllt bleiben. Das, was überfließt, kannst du an deine Klienten weitergeben. Wenn du selbst als Schale leer bist, kann niemand aus dir schöpfen." Ich finde, da ist viel Wahres dran. Also achte auf dich und schaue, was dir gut tut.

Hier noch ein paar persönliche Worte für dich zum Schluss: Es gibt keine Konkurrenz. Wir sind alle eins. Der Klient, der zu mir kommt, der fühlt sich vielleicht bei dir nicht so wohl. Und ein Klient, der zu dir kommt, findet mich vielleicht nicht so gut. Warum teilen wir nicht wieder mehr? Bilde Netzwerke. Schließe dich an. Netzwerken macht Sinn. Sei Teil von etwas. Ich habe Klienten gehabt, da habe ich irgendwann gesagt: „Okay, wir beide sind jetzt hier auf deiner Reise an einem Punkt angelangt, bis zu dem hin ich dich begleiten konnte. Aber jetzt brauchst du einen neuen Weggefährten."

Häufig konnte ich dabei in so einem Fall Kollegen weiterempfehlen, wofür meine Klienten sehr dankbar waren. Im Gegenzug bin ich sehr dankbar, wenn ich empfohlen werde.

Die Welt ist voller Unterstützer. Wenn du sie so sehen willst, ist es so. Sei auch du ein Teil davon. Empfehle weiter. Unterstütze andere und glaube an dich. Du schaffst das. Du kannst, du willst und du wirst. Und kein Mensch hat das Recht, dir etwas anderes zu sagen.

Ansonsten sage ich immer: Es kommt, wie es kommt und follow the flow."

5.

DEIN AUSSENAUFTRITT – DEINE SICHTBARKEIT

Dein Außenauftritt umfasst ein großes Spektrum, das mit der Gestaltung deines Logos beginnt und bei der Konzeption deiner Website noch lange nicht aufhört. Wir beschäftigen uns in diesem Kapitel mit Themen wie Logo, Visitenkarten und Flyern. Sehr ausführlich behandeln wir die Themen Praxis-Homepage und Suchmaschinenoptimierung. Ferner gehen wir auf die perfekte Textstruktur und einiges mehr ein. Selbstverständlich geben wir dir auch in diesem Kapitel wieder zahlreiche Tipps.

5.1. DEIN FIRMENLOGO

Laut Wikipedia ist „ein Logo ein grafisches Zeichen, das ein bestimmtes Subjekt repräsentiert". Dies kann ein Unternehmen, eine Organisation, eine Privatperson oder ein Produkt sein. Das Logo ist ein wichtiges Element deines Außenauftritts, denn es bringt den Kern deines Behandlungsangebots oder deiner Identität auf den Punkt. Deshalb lohnt es sich auf jeden Fall, in einen Profi zu investieren, der dir das für dich passende Logo gestaltet. Das muss keine teure Agentur erledigen. Günstiger geht es mit einem Freelancer, der sich auf Design spezialisiert hat.

Was zeichnet ein gelungenes Logo aus?

- Es muss einprägsam sein und deine Einzigartigkeit hervorheben. Der Äskulapstab ist ein häufig verwendetes Logo-Motiv in Heilberufen. Wenn du dich dafür entscheidest, solltest du überlegen, wie du ihn ganz individuell abwandeln kannst, so dass er zu deiner Persönlichkeit und deiner Praxis passt.

- Ein gutes Logo ist auf das Wesentliche reduziert. Es muss auch nicht dein gesamtes Behandlungsspektrum abbilden, sondern kann sich auch auf das Kernangebot konzentrieren. Denke an die Logos von Apple oder Nike. Niemand erfasst sofort die ganze Bedeutung, aber sie haben einen hohen Wiedererkennungswert und stehen symbolisch für eine Marke. Das Nike-Logo zeigt in sehr reduzierter Form den Flügel der griechischen Siegesgöttin Nike und will ausdrücken: Die Marke steht für Sieger. Auch wenn das nicht jeder weiß, so ist das Nike-Logo mittlerweile weltweit bekannt. Überlege dir, welches Symbol für dich stehen könnte, das kann beispielsweise eine Sonne, ein Tier oder eine Blume sein, deren wichtigste Eigenschaft auch die deine ist und dein Therapieverfahren zu etwas Besonderem macht.

- Achte darauf, dass dein Logo zeitlos ist. Setze nicht auf kurzfristige Trends, die womöglich schnell wieder out sind. So ersparst du dir ein ständiges Re-Design. Natürlich kann es sinnvoll sein, deinem Logo alle paar Jahre eine Frischekur zu verpassen und es behutsam zu überarbeiten.

- Je klarer und einfacher deine Bildmarke gestaltet ist, desto einprägsamer ist sie und umso höher ist der Wiedererkennungswert.

- Das Logo sollte skalierbar sein und auf deiner Visitenkarte genauso klar erkennbar sein wie auf dem Handydisplay oder am Desktop-PC. Deshalb macht es Sinn, zusätzliche, reduzierte Logo-Varianten für kleine Formate zu gestalten.

Kurz zusammengefasst: Achte bei der Gestaltung deines Logos auf Einfachheit, Klarheit Einzigartigkeit, Zeitlosigkeit sowie auf Skalier- und Reproduzierbarkeit.

5.2. VISITENKARTEN UND FLYER

Diese analogen Werbemittel sind auch im digitalen Zeitalter von großer Bedeutung. Visitenkarten solltest du stets parat haben, wenn du unterwegs bist - ob im Café oder auf Fachmessen. Denn interessante Begegnungen sind überall und jederzeit möglich, und mit einer Visitenkarte sind die wichtigsten Kontaktdaten schnell ausgetauscht.

Diese Informationen sollte deine Visitenkarte auf jeden Fall enthalten:

- Name und Berufsbezeichnung

- Praxisadresse und Telefonnummer (Festnetz und mobil)

- Mail- und Internetadresse

- dein Logo

Kleiner Tipp von uns: Damit die Informationen auf der kleinen Karte übersichtlicher dargestellt werden, kannst du auf der Vorderseite Name und Berufsbezeichnung angeben, beispielsweise

Name XY, Heilpraktikerin für Psychotherapie, Hypnosetherapeutin.

Auf der Rückseite befinden sich alle weiteren Informationen.

Praxisbroschüren beziehungsweise Flyer fassen die wichtigsten Informationen über dich und deine Praxis zusammen. Du kannst sie in deinen Behandlungsräumen auslegen, an Messeständen oder auch in passenden Läden in deiner Umgebung, zum Beispiel in Apotheken, Yogastudios oder Reformhäusern.

Was du bei der Gestaltung von Flyern beachten solltest, haben wir nachfolgend in einer kleinen Checkliste für dich zusammengefasst:

Folgende Punkte sind wichtig bei der Konzeption des Flyers

- Wen möchtest du mit deinen Flyern erreichen?
- Wer ist deine Zielgruppe, wie alt ist sie und wie ist die Geschlechterverteilung? Welche Interessen und Vorlieben hat sie? Welchen Nutzen hält dein Flyer für sie bereit?
- Welches Format soll dein Werbemittel haben? Soll es ein- oder beidseitig bedruckt sein?
- Ist dein Flyer so strukturiert, dass deine Kernaussagen sofort wahrgenommen werden? Stimmt das Verhältnis von Bild- und Textelementen?
- Beantwortet deine Praxisbroschüre alle wichtigen W-Fragen: Was, wer, wie, wo warum und wann?
- Hast du eine klare Handlungsaufforderung formuliert, beispielsweise: „Jetzt kostenloses Kennenlerngespräch vereinbaren"?
- Sind die Kontaktinformationen vollständig?
- Ist der Flyer auf Rechtschreibfehler geprüft?

Kurz bevor der Flyer in Druck geht, gilt es Folgendes zu checken:

- Sind Schriftart und Schriftgröße konsistent?
- Haben deine Bilddaten die von der Druckerei geforderte Auflösung?

- Hast du die Druckdaten entsprechend den Vorgaben aufbereitet?

Nach dem Druck solltest du die Druckqualität des Flyers kontrollieren:

- Stimmen Papierqualität und die Haptik?

- Passen die Farben oder weichen sie stark von der Druckvorlage ab?

- Sind die Bilder auch scharf genug?

Wenn du mit der Qualität des Flyers zufrieden bist, solltest du

- dafür sorgen, dass immer eine ausreichende Menge zum Mitnehmen in deiner Praxis ausliegt.

- Kuverts für Erstgespräche vorbereiten, die die Praxis-AGBs und zwei Flyer enthalten.

- deine Klienten gezielt um Empfehlung und Weitergabe bitten.

- sie wie oben bereits erwähnt, in Praxen, Apotheken, Yoga- und Fitnessstudios auslegen.

Zum Thema Flyer und Visitenkarten empfehlen wir dir dringend, diese professionell gestalten zu lassen und nicht an der Papier- oder Druckqualität zu sparen. Denn sie vermitteln deinem Gegenüber einen ersten Eindruck von dir. Sind deine Werbemittel von minderer Qualität, zweifeln potenzielle Klienten möglicherweise auch an deiner Kompetenz. Näheres zum gelungenen Außenaufritt hast du ja bereits in Kapitel 4 erfahren.

5.3. WEBSITES AUS DEM BAUKASTEN? NICHT SCHLECHT, ABER AUCH NICHT PROFESSIONELL

Bevor wir uns intensiv mit deiner Praxis-Homepage befassen, sei uns ein kleiner Exkurs gestattet. Wir begrüßen es natürlich, dass es Baukästen zur Erstellung von Websites gibt, die es allen Menschen ermöglichen, sich im Netz zu präsentieren – seien es Einzelpersonen mit ihren Hobbies oder Interessensgemeinschaften mit ihren Anliegen.

Schwieriger wird es, wenn sich deine Website im Wettbewerb mit anderen Therapeuten und Heilpraktikern behaupten muss. Reichen heutzutage ein netter Begrüßungstext, ein paar schöne Bilder, Angaben zu den Öffnungszeiten, eine Lageskizze und die Kontaktdaten aus? Das bekommst du in der Tat mit einem Baukasten auch selbst hin. Deinen Stamm-Patienten, die dich bereits persönlich kennen, wird das auch vollkommen genügen. Aber wie sieht es mit den Usern aus, die bei Google zum Beispiel die Suchbegriffe „Heilpraktiker Hamburg" eingeben? Werden sie deine Homepage ganz oben in den Suchmaschinen-Ergebnissen finden? Was ist mit den Digital Natives, die vergeblich nach dem Button „Termin vereinbaren" suchen? Oder mit denen, die gerade unterwegs sind und deine Adresse gerne direkt in ihr Navi übernehmen würden? Was für ein verschenktes Klienten-Potenzial, oder?

Und dabei haben wir noch gar nicht über diejenigen gesprochen, die mit ihrem Smartphone an deiner Internetseite verzweifeln, weil sie nur für große PC-Monitore und die Bedienung mit einer Maus optimiert wurde. Die Lösung für dieses spezielle Problem heißt „Responsive Design". Ehrenhalber sei erwähnt, dass die meisten Baukästen dafür inzwischen eine Lösung anbieten.

Unerlässlich für deine Auffindbarkeit und eine top Position im Google-Ranking ist eine suchmaschinenoptimierte Seite. Mehr dazu erfährst du im Abschnitt 5.8. unter „Warum Suchmaschinenoptimierung wichtig ist".

An dieser Stelle sei nur so viel verraten: Die Suchbegriffe „Heilpraktiker für Psychotherapie Hamburg" sind doch prima, meinst du? Recht hast du, aber bedauerlicherweise finden viele, viele andere deiner Berufskollegen das auch prima. Zu viele, als dass jeder weit oben in den Trefferlisten auftauchen könnte. Etwas spezieller muss es daher schon sein, also zum Beispiel „Heilpraktiker und Therapeut Hamburg Winterhude". Das sind dann schon mal deutlich weniger Konkurrenten als für „Heilpraktiker für Psychotherapie Hamburg". Bei der Wahl der Suchbegriffe, den sogenannten Keywords, müssen zwei Probleme gelöst werden. Erstens muss vorab geklärt werden, ob User bei Google überhaupt in ausreichender Zahl nach diesen Keywords suchen. Und zweitens muss Google davon überzeugt werden, die Website seinen Nutzern zu empfehlen. Und spätestens hier müssen die Website-Baukästen dezent die weiße Flagge hissen – sie können bei keinem der beiden Probleme helfen. Dazu bedarf es eines Spezialisten, der die Google-Richtlinien für Websites kennt und auch in der Lage ist, diese in einen Code umzusetzen. Keine ganz einfache Aufgabe, zumal Google diese Richtlinien ständig updatet und deshalb Fachwissen auf dem jeweils aktuellen Stand gefordert ist.

Aber auch technische Details sind für Suchmaschinen relevant. Dazu möchten wir ganz kurz ins Detail gehen: Die oben getroffene Aussage, dass das „Responsive Design" die alleinige Lösung für mobile User darstellt, stimmt nur teilweise. Richtig ist, dass auch die Probleme gelöst werden, die mit dem kleinen Bildschirmformat eines Smartphones und den anderen Bedienelementen (zum Beispiel Touchscreen statt Maus) zusammenhängen. Wichtig ist dabei zu wissen: Nicht allen mobilen Usern steht eine superschnelle LTE-Verbindung zur Verfügung, sondern sie nutzen bedeutend langsamere. Daher sollte bei der Programmierung der Website jede Chance genutzt werden, die Ladezeiten zu verkürzen. Dafür sprechen mindestens zwei Gründe. Einer davon lautet, dass viele User schon während des Aufbaus einer Seite wegklicken, wenn es ihnen zu langsam geht. Der zweite Grund heißt mal wieder: Google! Die Suchmaschine hat die mobilen User als primäre Zielgruppe entdeckt und legt großen Wert darauf, dass alle Seiten „mobile friendly" sind. Wenn unnötig viele Daten übertragen werden, weil beispielsweise ungeeignete Grafikformate gewählt werden, wertet Google das einfach als „fehlerhafte Programmierung" und verbannt die Seite in die dunklen Tiefen des Internets, wohin sich nie ein User verirrt. Spätestens dann wird dir auffallen, dass eine schön aussehende Website längst nicht ausreicht.

Und noch einen Punkt betreffend Websites aus dem Baukasten wollen wir ansprechen:

Sie neigen dazu, stets ähnliche Resultate hervorzubringen. Der durchschnittliche User sieht es den so erstellten Seiten vielleicht nicht an, dass sie mittels eines Baukastens auf die Schnelle zusammengebastelt wurden. Aber er bemerkt, dass sie irgendwie langweilig aussehen. Die Seite des Frisörs, die Seite der Autoreparaturwerkstatt, die Seite des Kosmetikstudios und die Seite des Restaurants – alle sehen irgendwie so aus, als habe jemand nur die Texte und Bilder ausgetauscht, aber ansonsten alles beim Alten belassen. Dabei sprechen sie eigentlich alle sehr verschiedene Zielgruppen an. In der Offline-Welt ist es selbstverständlich, dass ein Bio-Laden auch optisch anders gestaltet ist als eine Boutique für Designermode. Aber auch im Internet sollte das Design einer Website an die Zielgruppe angepasst sein. Dazu bedarf es aber eines professionellen Webdesigners.

Bitte jetzt keine Panik, du musst nicht gleich einen ganzen Stab von Mitarbeitern für deinen Webauftritt beschäftigen, wie Großkonzerne das tun. Die in kleinen und mittleren Unternehmen anfallenden Aufgaben können Freelancer übernehmen. Nicht jeder braucht ein Social-Media-Team, nicht jeder benötigt einen Hochleistungs-Webhoster und nicht jeder muss damit rechnen, dass seine Betriebsgeheimnisse von professionellen Hacker-Teams ausspioniert werden - ausländische Geheimdienste werden sich für deine Therapien eher weniger interessieren. Aber auch kleine Praxen sollten sich ihren Kunden im Internet professionell präsentieren. Genau das können Freelancer oft zu günstigen Konditionen leisten.

5.4. DEINE PRAXIS-HOMEPAGE

Deine Website ist deine Visitenkarte im Netz. Wir haben im vorherigen Abschnitt dargelegt, warum du diesem Thema große Aufmerksamkeit schenken und auf eine zielgruppengerechte und vor allem professionelle Gestaltung achten solltest. Dabei ist es wichtig, dass deine Besucher auf einen Blick alle relevanten Informationen über dich und deine Praxis erhalten und die Möglichkeit haben, sofort mit dir in Kontakt zu treten. Aus diesem Grund gehen wir nachfolgend ausführlich auf alle relevanten Aspekte ein, die für eine gelungene Praxis-Homepage von Bedeutung sind.

Warum du auf jeden Fall eine eigene Internetseite brauchst

Hast du als Heilpraktiker und Therapeut keine eigene Website, existierst du nur in der Wahrnehmung von bereits bestehenden Klienten. Auch wenn diese dich weiterempfehlen, wird das nicht ausreichen, um so viele Patienten zu generieren, dass du von deiner Berufung gut leben kannst. Deshalb musst du auch im Netz gefunden werden – am besten ganz oben in den Suchergebnissen von Google und Co.

Überlege doch einfach mal, wie du selbst vorgehst, wenn du eine Dienstleistung benötigst. Mit sehr hoher Wahrscheinlichkeit wirst du vorab im Web nach Anbietern recherchieren, um dich über ihr Leistungsangebot zu informieren und verschiedene Angebote miteinander zu vergleichen. Sicher werden die Gestaltung der Seite und ihr Informationsgehalt bei deiner Entscheidung für einen Anbieter eine Rolle spielen. Denn ganz ehrlich, wenn du auf eine veraltete Seite stößt, auf der du dich mühsam durchklicken musst, um relevante Informationen zu erhalten, wird dieser Dienstleister nicht unbedingt deine erste Wahl sein.

Du siehst, eine ansprechende Website mit allen relevanten Informationen ist die Basis, um neue Klienten zu gewinnen. Dies dürfte für dich das wichtigste Ziel sein, das du mit deiner Seite erreichen möchtest. Hauptsächlich möchten Therapeuten und Heilpraktiker mit ihrer Praxis-Homepage diese vier Ziele verfolgen:

- Sie wollen ihr Behandlungsangebot ausführlich darstellen,

- damit möglichst viele potenzielle Klienten einen Termin vereinbaren.

- Durch nützliche und relevante Informationen / Blog-Artikel möchten sie mehr Kontakte zu Interessenten aufbauen.

- Sie möchten ihre Sichtbarkeit und Bekanntheit im Netz steigern.

Während das Anbieten von Dienstleistungen und die Vergabe von Terminen Hauptziele sind, ist der Aufbau von allgemeiner Sichtbarkeit und Bekanntheit heute ein gängiges Nebenziel. Mit Hilfe einer suchmaschinenoptimierten Website und im Zusammenspiel mit den sozialen Netzwerken sorgt die steigende Bekanntheit auch für höhere Umsätze. Auch Angehörige von alternativen Heilberufen haben erkannt, dass die digitale Kommunikation mit den Patienten ebenso wichtig ist wie ihre virtuelle Präsenz im Netz. Denn inzwischen findet ein Großteil der Kommunikation auf der digitalen Ebene statt.

Setze dich also frühzeitig - am besten vor Erstellung deiner Seite - mit den Zielen auseinander? Was möchtest du erreichen und wie schaffst du das mit Blick auf deine Wunsch-Zielgruppe.

Welche Bestandteile sollte deine Praxis-Homepage enthalten?

Folgende Inhalte sind für deine Website unerlässlich:

- eine Startseite mit einem gelungenen Titelbild, einem einprägsamen Titel, einem Call-to-Action, also einer Handlungsaufforderung an die User, und Klienten-Rezensionen

- eine Über-Mich-Seite, auf der du dich und deine Expertise präsentierst
- eine Praxis-Seite
- eine Seite mit einem Verzeichnis deiner Leistungen und Preise
- eine Seite mit deinen Kontaktdaten und einem Online-Kalender, über den Interessenten einen Termin vereinbaren können
- Impressum, Datenschutzerklärung und Cookie-Hinweis

Schauen wir uns nachfolgend die einzelnen Bestandteile einmal näher an.

Die Startseite

Eine gelungene Startseite gibt dem Besucher die Möglichkeit, innerhalb kürzester Zeit alle für ihn wichtigen Informationen zu erfassen. Bedenke dabei, dass Menschen meist nach dem Problem und nicht nach der Lösung googeln. So wird ein Hilfesuchender bei der Google-Suche eher „Hilfe bei Burnout München Schwabing" eingeben und nicht unbedingt „Hypnosetherapie München Schwabing". Denn dazu müsste ein potenzieller Klient bereits wissen, dass diese Therapieform eine wirkungsvolle Burnout-Prophylaxe darstellen kann.

Zu einer ansprechenden Startseite gehört auf jeden Fall ein professionelles Titelbild, das zu deiner Zielgruppe passt und bereits einen ersten Eindruck von dir und deiner Praxis vermittelt. Auch dein Logo sollte dort zu finden sein.

Neben dem Titelbild benötigst du für die Startseite einen aussagekräftigen Titel samt Untertitel, so dass der User sofort sieht, dass er mit seinem Problem bei dir richtig ist. Erkläre in kurzen Worten, wem du wobei und wie helfen kannst, beispielsweise:

- XY, Heilpraktiker/in für Psychotherapie, Hypnosetherapeut/in
- Fühlen Sie sich häufig müde, erschöpft und ausgebrannt?
- Dann unterstütze ich Sie als Hypnosetherapeut/in dabei, Stressfaktoren zu

reduzieren und ein Burnout zu vermeiden.

Da du wahrscheinlich nicht nur eine Behandlungsart anbietest, raten wir dir, deine wichtigste Leistung prominent im Titel zu platzieren.

Auf der Startseite sollte auf jeden Fall auch eine konkrete Handlungsaufforderung zu finden sein, die Interessenten ermutigt, sofort und unkompliziert mit dir in Kontakt zu treten.

Beispiele für einen sogenannten Call-to-Action können sein:

- Jetzt kostenlosen Kennenlern-Termin vereinbaren
- Jetzt Termin vereinbaren
- Mehr über meine Leistungen erfahren
- Jetzt Inspiration und Geschenk erhalten

Im Idealfall verlinkst du den Call-to-Action mit dem auf deiner Seite integrierten Online-Kalender. So lassen sich Terminbuchungen vom User ganz bequem mit nur einem Klick erledigen.

Unter dem Titelbild kannst du deine Besucher über weitere Behandlungsschwerpunkte informieren, so dass sie wissen, bei welchen Beschwerden du ihnen sonst noch behilflich sein kannst. Füge noch Rezensionen von zufriedenen Klienten hinzu und du bist mit deiner Startseite perfekt aufgestellt.

Ein Tipp von uns: Setze unten auf der Seite nochmal einen Call-to-Action, so müssen deine User nicht wieder umständlich hochscrollen. Dies solltest du auch auf allen Unterseiten so handhaben.

Warum Rezensionen so wichtig sind

Platziere auf jeden Fall ausgewählte Rezensionen gut sichtbar auf deiner Startseite, denn nichts ist überzeugender und nichts baut schneller Vertrauen auf als das Feedback zufriedener Klienten. Deshalb solltest du deine Patienten aktiv um eine Rückmeldung bitten.

Hast du schon viele positive Beurteilungen bekommen, kannst du zusätzlich eine Rezensionsseite in Erwägung ziehen, auf die du von der Startseite aus verlinkst.

Die meisten Patienten geben ihr Feedback schriftlich ab. Noch schöner wäre es, wenn du die Rezension als Video- oder Audio-Datei erhalten könntest. Glückliche Klienten zu sehen oder zu hören hat nochmal eine andere Qualität als ein geschriebener Text.

Deine Über-Mich-Seite

Die Über-Mich-Seite bietet den Besuchern die Möglichkeit, mehr über dich und deine Praxis zu erfahren. Idealerweise gibt es dort ein Video von dir, mit dem du dich und deine Expertise vorstellst. Generell möchten wir dir empfehlen, mit Videos zu arbeiten. Du brauchst im Grunde nur dein Smartphone, um loszulegen und schon kannst du dich deinen Seiten-Besuchern authentisch und lebendig präsentieren. So gewinnen die User bereits einen ersten persönlichen Eindruck von dir und sind – wenn sie dein Auftreten sympathisch finden – eher geneigt, einen Termin bei dir zu vereinbaren. Zudem hebst du dich von der Konkurrenz ab, denn gerade Heilpraktiker und Therapeuten sind in dieser Hinsicht meist etwas scheu. Deine Videos kannst du beispielsweise auch für deinen Youtube- oder Facebook-Kanal nutzen. Hierzu erhältst du in Kapitel 7 ausführlichere Informationen und Tipps.

Auszeichnungen und Zertifikate runden deine Über-Mich-Seite ab.

Unsere Tipps: Schreibe kleine Teaser-Texte und verlinke hier deine drei erfolgreichsten Blogartikel oder deine drei meist geklickten Youtube-Videos.

Deine Praxisseite

Falls du ansprechende Fotos von deinen Praxis-Räumlichkeiten hast, kannst du sie auf deiner Praxisseite zeigen. Dazu noch deine Öffnungszeiten und deine Telefonnummer – mehr Inhalte werden auf dieser Seite nicht benötigt.

Deine Leistungsseite

Hier sollten alle Leistungen, die du anbietest und die dafür berechneten Honorare aufgelistet sein. Füge eventuell ein paar Stichpunkte hinzu und erkläre deinen Besuchern, bei welchen Problemen die einzelnen Behandlungsangebote hilfreich sein können.

Deine Kontaktseite

Hier befinden sich deine Kontaktdaten und ein Kontaktformular. Weise an dieser Stelle nochmals darauf hin, wenn du kostenlose Kennenlern-Termine anbietest. Im Idealfall ist auf der Kontaktseite auch ein Online-Terminkalender integriert, mit dem du die Termin-Vergabe und -Abstimmung automatisieren kannst.

Impressum, Datenschutzerklärung und Cookies

Diese Bestandteile sind für jede Internetseite verpflichtend. Wir sind in Kapitel 2 bereits ausführlich auf die Thematik eingegangen, so dass wir dies an dieser Stelle nicht mehr vertiefen müssen.

Cookies sind kleine Dateien, die jede Website, die du aufrufst, auf deinem PC abspeichert. Sie zeichnen dein Surfverhalten auf und zeigen beispielsweise, welche Unterseiten du angeklickt hast oder wie oft du die Seite besucht hast. Wichtig ist es für dich, dem User mitzuteilen, dass du Cookies einsetzt und ihm die Entscheidung zu überlassen, ob er alle zulassen will oder nur die zwingend erforderlichen.

Du hast von uns nun erfahren, welche „Pflichtseiten“ deine Praxis-Homepage beinhalten sollte. Nun folgt auf die Pflicht die Kür und wir widmen uns Themen wie der individuellen Anpassung und dem Design deiner Seite. Wir gehen kurz darauf ein, was du bei der Erstellung von Texten beachten solltest und wollen dich ermutigen, ein Blog zu führen.

Individuelle Anpassungen vornehmen

Natürlich müssen die einzelnen Seitenelemente auf dein spezielles Leistungsspektrum abgestimmt sein. Wenn du also Vorträge hältst oder Seminare und Workshops gibst, solltest du auf jeden Fall eine Seite mit einer Terminübersicht sowie einer Beschreibung der einzelnen Veranstaltungen anlegen.

Zusätzlich kannst du für jede deiner Veranstaltungs-Aktivitäten eine eigene Landingpage erstellen, die du schön bebilderst, die Rahmendaten (Ort, Datum, Uhrzeit etc.) und Inhalte deines Workshops erklärst und gleich die Möglichkeit zur Buchung hinterlegst. Platziere zum Beispiel ein Banner auf deiner Startseite mit dem Hinweis auf dein Seminar. Mit einem Klick darauf, wird der Besucher dann auf die Landingpage weitergeleitet.

Vielleicht veröffentlichst du als Heilpraktiker und Therapeut auch Artikel für Zeitschriften, Fachportale oder schreibst Bücher. Auch dann sollten deine Besucher auf einer Unterseite deiner Homepage davon erfahren.

Übersichtliche Navigation und Nutzerfreundlichkeit

Damit sich die Besucher deiner Website gut zurechtfinden, solltest du nicht mehr als 5 bis 7 Menüpunkte verwenden, beispielsweise

- Home (= Startseite)
- Über mich
- Meine Praxis
- Veranstaltungen
- Kontakt
- Blog

Halte deine Menüpunkte so kurz und verständlich wie möglich. Die Punkte „Datenschutz" und „Impressum" kannst du gerne unten auf der Seite im sogenannten „Footer" unterbringen. Oben im Hauptmenü sollten sich nur die relevanten Seiten befinden. Viele Unternehmen bringen auch die Kontaktseite im Footer unter. Wir empfehlen aber Heilpraktikern und Therapeuten in jedem Fall, diese Seite im Hauptmenü zu belassen, damit sich interessierte Klienten ohne ewiges Scrollen schnell mit dir in Verbindung setzen können.

Generell sollte deine Seite benutzerfreundlich gestaltet sein. Eine übersichtliche Navigation ist nur ein Aspekt der sogenannten Usability. Buttons, Symbole und Navigationselemente sollten für den Seitenbesucher eindeutig und selbsterklärend sein. Verwende klassische Navigationssymbole, die der User sofort erkennt, beispielsweise die Lupe für die Suchfunktion.

Verzichte auf Effekte, die deine Besucher unnötig ablenken und trage dafür Sorge, dass deine Seite schnell lädt. Achte darauf, dass deine Homepage soweit als möglich barrierefrei genutzt werden kann. Verwende beispielsweise erklärende Alternativ-Texte für Grafiken und Bilder oder verwende Untertitel in deinen Videos.

Das passende Webdesign

Das Webdesign ist streng genommen auch Bestandteil der Usability. Wichtig bei der Gestaltung deiner Website ist zunächst ein responsives Design, das sich den unterschiedlichsten mobilen Endgeräten, aber auch dem Desktop-Format anpasst.

Über 70 Prozent der User gehen via Smartphone oder Tablet ins Netz. Ohne responsives Design würde deine Seite ziemlich schlimm aussehen und die Besucher wären ganz schnell weg.

Was das Layout, Bildsprache und Farbgebung anbelangt, solltest du bei der Konzeption deiner Praxis-Homepage stets deine Zielgruppe vor Augen haben.

Selbstverständlich muss das Seiten-Layout klar strukturiert und in sich konsistent sein. Das bedeutet, dass Startseite und Unterseiten eine ähnliche und vor allem für den User wieder erkennbare Struktur aufweisen sollten.

Verständliche Texte mit zielgruppengerechter Tonalität

Du bist Experte in deinem Fach und hast ein fundiertes Wissen. Dies zeigst du unter anderem dadurch, dass du dein Behandlungsangebot auch für Laien verständlich erklärst und dich nicht in Fachbegriffen verlierst.

Überlege dir, wie deine Wunsch-Zielgruppe gerne angesprochen werden möchte. Halte deine Texte übersichtlich und verwende Zwischenüberschriften. Im Web wird meist mehr „gescannt“ als gelesen, deshalb raten wir ganz klar von „Textwüsten“ ab.

Optimiere deine Seite für Suchmaschinen

Dem Thema Suchmaschinen-Optimierung (SEO) geben wir an anderer Stelle in diesem Kapitel ausführlich Raum. Du findest dort eine Vielzahl von Tipps, wie du im Google-Ranking ganz weit oben landest.

Führe ein Blog

Mit einem Blog kannst du deine Zielgruppe mit zahlreichen nützlichen und relevanten Inhalten versorgen und so deine Expertise unter Beweis stellen. Du erstellst und vertiefst damit eine Menge ergänzender Inhalte zu deiner Website und fütterst nebenbei die Suchmaschinen. Gleichzeitig kannst du mit einem Blog mehr Besuche auf deiner Seite generieren. In Abschnitt 7 dieses Kapitels erhältst du von uns weitere Tipps und Informationen rund um das Thema Bloggen.

An dieser Stelle sei nur so viel verraten: Deine Blogbeiträge können als regelmäßige Kundenmagneten für dich arbeiten, wenn sie richtig gut sind, dem User Hilfestellung bei der Lösung seiner psychischen und physischen Probleme geben und gleichzeitig die Neugier auf deine Angebote wecken. Auch hier kannst du - wie schon weiter oben empfohlen - neben Textelementen und Bildern auch mit Videos arbeiten und dich so authentisch potenziellen Klienten mit deinem Experten-Wissen präsentieren.

Über Social Media-Plattformen wie Facebook oder Linkedin kannst du auf deine Blogposts aufmerksam machen. Das Thema Social Media behandeln wir in Kapitel 7 sehr ausführlich. In Kapitel 6 erklären wir dir, wie du zudem mit Werbung bei Google und Facebook mit einem kleinen Budget deine Reichweite erheblich steigern kannst.

5.5 WAS IST EIN CALL-TO-ACTION UND WO KANN ICH IHN EINSETZEN?

Das Thema Handlungsaufforderung oder Call-to-Action (CTA) hatten wir im Abschnitt „deine Praxis-Homepage“ kurz angesprochen. Nachfolgend möchten wir gerne noch etwas näher darauf eingehen. Denn ein Call-to-Action ist nicht nur für deine Website wichtig, sondern er sollte auch für Social Media oder Newsletter genutzt werden.

Wir raten dir zu unterschiedlichen Handlungsaufforderungen – je nachdem, wo du sie veröffentlichen möchtest. Teste auch immer wieder unterschiedliche Varianten und schau anhand der Conversion-Rate, welche CTAs gut funktionieren. Von einer Conversion sprechen wir zum Beispiel, wenn ein User auf deine Seite kommt und gleich online einen Termin vereinbart. Sein Status ändert sich damit von „Besucher" zum „Klienten" – oder zumindest zum „Interessenten".

Wenn du regelmäßig einen Newsletter verschickst, verweist du sicher hin und wieder mit einem kurzen Teaser auf deine Blogartikel. Passende CTAs wären hier:

- Hier mehr erfahren
- Jetzt den gesamten Beitrag lesen
- Neugierig? Dann lies hier weiter

Im Newsletter, aber auch in deiner E-Mail-Signatur empfehlen wir, auf deine Social Media Netzwerke zu verlinken:

- Like meine Seite auf Facebook
- Folge mir auf Instagram
- Abonniere meinen Youtube-Channel

Möchtest du neue Newsletter-Abonnenten gewinnen, kannst du auch als Dankeschön ein Whitepaper zum Downloaden bereitstellen:

- Jetzt registrieren und kostenloses Whitepaper downloaden

Auf Social Media Plattformen hast du die Möglichkeit, mit einem Post auf deinen neuesten Blogbeitrag hinzuweisen:

- Erfahre mehr in meinem Blogbeitrag
- Hier kannst du mehr erfahren

Umgekehrt gibst du auf deinem Blog einen Hinweis auf Social Media

- Noch mehr Tipps findest du auf meinem Youtube-Kanal

Auch bei Workshops und Seminaren sind CTAs wichtig. Du möchtest natürlich, dass dein Workshop gut besucht wird. Deshalb ist es auch hier wichtig, auf allen möglichen Plattformen eine Handlungsaufforderung zu platzieren:

- Sichere dir jetzt dein Ticket
- Jetzt Ticket buchen
- Melde dich noch heute an
- Sei dabei und reserviere noch heute einen Platz

Sicher möchtest du nach einem Seminar wissen, wie es den Teilnehmern gefallen hat. Deshalb raten wir dir, zum Beispiel per Mail mit einer Handlungsaufforderung um Feedback zu bitten:

- Dein Feedback ist uns wichtig
- Sag uns, wie es dir gefallen hat
- Deine Meinung zählt

5.6 DAS 4-MAT-SYSTEM – FÜR DIE PERFEKTE TEXTSTRUKTUR

Bei der Erstellung von ansprechenden und fesselnden Texten für deine Seitenbesucher kann dir das 4-MAT System eine echte Hilfe sein, denn eine nach diesem System strukturierte Website liefert dem Nutzer alle nötigen Informationen und sorgt dafür, dass er nicht gleich wieder weiterklickt.

Der Schlüssel zum Erfolg: Antworten statt Fragen. So wird der User mit dem Gefühl, das Gesuchte gefunden zu haben und umfassend informiert worden zu sein, die Seite wieder verlassen. Denn im Grunde beschäftigen ihn folgende Fragen – wenn auch eventuell in abgewandelter Form:

- Warum brauche ich das?

- Was passiert?

- Wie funktioniert das?

- Wozu ist das gut?

Wenn du die Inhalte für deine Website, neudeutsch auch „Content“ genannt, strukturieren möchtest, solltest du nach diesem Fragenprinzip vorgehen und die entsprechenden Antworten liefern. Die Strukturierung läuft damit quasi mithilfe einer Schablone fast wie von selbst und anschließend kannst du das Textgerüst mit packenden und informativen Inhalten über deine Expertise und deine Praxis füllen.

Das System bzw. das Modell 4-MAT stammt von der Pädagogin und Autorin Bernice McCarthy, die damit Vorträge, Texte und Präsentationen informativer und relevanter gestalten wollte. Sie nutzte bei der Entwicklung die Erkenntnisse des Bildungstheoretikers David Kolb, der vier Lernmuster bei Kindern und Erwachsenen definierte: Warum? Was? Wie? Wozu?. Während die einen wissen wollen, warum sie etwas lernen müssen, interessiert andere eher, wozu sie das Gelernte anwenden können. Mit einer Strukturierung der Texte nach diesem System werden demnach alle Menschen angesprochen, egal, welchem Lerntyp sie angehören und aus welchen Gründen sie auf die Seite gekommen sind.

Aus den unterschiedlichen Lerntypen und ihren Eigenschaften ergibt sich somit die nachfolgend beschriebene textliche Reihenfolge.

Der Warum-Typ gilt als sehr ungeduldig und möchte nicht warten, bis er eine Information bekommt. Du musst ihn mit deinem Text sozusagen zuerst bedienen, andernfalls klickt er schnell weiter. Die Antwort auf das Warum darf demnach nicht am Ende des Textes erscheinen, sondern sollte sich direkt nach der Einleitung finden. Das garantiert einen zufriedenen Warum-Nutzer.

Rund 35 Prozent der Menschen sind Warum-Typen, was sicherlich auch erklärt, warum so viele Internetseiten mit einer hohen Absprungrate zu kämpfen haben. Sie gehen einfach nicht auf die Bedürfnisses von mehr als einem Drittel der Besucher ein. Achte also darauf, dass der Besucher deiner Website sofort erfasst, warum dein Therapieangebot für ihn nützlich ist und was es ihm konkret bringt, zum Beispiel Schmerzfreiheit bei Rückenproblemen. Damit ist die Überleitung zum nächsten Textteil bereits geschaffen.

Gleich nach dem Warum-Typ kommt nämlich der sogenannte Was-Typ, der schon ein wenig geduldiger ist (allerdings nicht sehr viel). Diesen Typus solltest du, wenn möglich, mit Zahlen, Daten und Fakten versorgen. Er will genau wissen, wie eine Sitzung bei dir abläuft, was dabei geschieht und eventuell mit Zahlen die Behandlungserfolge belegt haben, zum Beispiel durch Verweise auf Studien. Der Anteil der Was-Typen wird auf ca. 20 Prozent geschätzt, das ist immerhin ein Fünftel deiner Seitenbesucher.

Ein weiteres Fünftel besteht aus den Wie-Typen. Sie schätzen das Warum und Was, wollen dann aber bitteschön wissen, wie ihnen die Informationen konkret weiterhelfen oder wie sie etwas ganz praktisch umsetzen können. Die Angehörigen dieses Typus lieben beispielsweise Schritt-für-Schritt-Anleitungen. An dieser Stelle im Text könntest du also ganz konkrete Handlungsempfehlungen platzieren.

Der geduldigste Typus ist der Wozu-Typ, der sich alles in Ruhe durchliest. Ihn interessiert allerdings brennend, wozu er das Produkt oder eine Leistung, eine Information oder ein anderweitiges Ergebnis noch gebrauchen kann. Das bedeutet, er möchte einerseits gerne wissen, was für einen langfristigen Gewinn ihm eine Behandlung bei dir bringt und andererseits erfahren ob es noch einen Zusatznutzen gibt und welches Problem er eventuell als nächstes angehen kann. Der Wozu-Typus macht ca. 25 Prozent deiner Seitenbesucher aus. Ihn machst du glücklich, wenn du ihm Perspektiven für die Zukunft aufzeigst.

Natürlich kann die 4-MAT-Struktur keine steigenden Besucherzahlen garantieren - dazu spielen noch weitere Aspekte wie die richtige Zielgruppenansprache (Tonalität) oder Suchmaschinenoptimierung eine Rolle. Du erhöhst mit diesem System aber die Wahrscheinlichkeit, dass sich die oben erwähnten Lerntypen von deinen Texten angesprochen fühlen, weil du ihre Bedürfnisse und Interessen berücksichtigt hast.

5.7 WIE DU MIT EINEM BLOG MEHR BESUCHER AUF DEINER WEBSITE ERREICHST

Ein Blog auf deiner Praxis-Homepage ist ein wahrer Publikumsmagnet. In einem Blog darfst du all das veröffentlichen, was dich und vor allem deine Zielgruppe interessiert. Er lässt sich als Hauptbestandteil von Websites genauso einsetzen wie als ergänzender Content. Videos, Ratgebertexte, deine persönliche Meinung zu spannenden Themen und unaufdringliche Empfehlungen für deine Dienstleitung haben hier einen Platz.

Durch das Schreiben von Blog-Artikeln generierst du Futter für die Suchmaschinen und kannst wichtige Fragen deiner Zielgruppe beantworten. Somit ist ein Blog ideal, um deine Praxis-Homepage in den Ergebnissen der Suchmaschinen ganz weit nach vorne zu pushen. Unter jedem Artikel kannst du eine dezente Handlungsaufforderung platzieren, damit deine Leser Kontakt mit dir aufnehmen oder einen Termin machen können.

Bevor du einen Artikel für deinen Blog, einen sogenannten Blogpost, verfasst, überlege dir ganz genau, was deine Zielgruppe tatsächlich interessiert und welche Frage du zu einem bestimmten Thema beantworten möchtest. Bei Google werden sehr oft Fragestellungen eingegeben, die du dann mit deinem Artikel beantworten kannst.

Schauen wir uns das Ganze anhand eines Beispiels eines Physiotherapeuten an.

Martin Winkler ist Physiotherapeut aus Hamburg und hat eine eigene Praxis, die er alleine betreibt. Er hat sich darauf spezialisiert, Rückenprobleme von Menschen zu behandeln, die den ganzen Tag am Schreibtisch sitzen. In seinem Blog schreibt er regelmäßig dazu Artikel und gibt Tipps und Empfehlungen, wie man mit Übungen am Arbeitsplatz seinen Rücken trainieren kann.

Wenn nun jemand bei Google nach Rückenschmerzen am Arbeitsplatz sucht und aus Hamburg oder Umgebung kommt, dann wird der Blog von Martin in der Trefferliste sehr wahrscheinlich ganz oben angezeigt, weil er die Frage des Suchenden beantworten kann. Auf diesem Wege hat Martin den einen oder anderen Kunden gewonnen. Am Ende jedes Artikels stehen seine Kontaktdaten sowie ein Link, über den direkt ein Termin via Online-Kalender gebucht werden kann.

Nachfolgend noch ein paar Tipps für einen gelungen Blogpost

- Wähle passende und packende Überschriften, die den Leser sofort in ihren Bann ziehen und zum Weiterlesen animieren.

- Wenn du Ideen sammeln möchtest, welche Fragen zu einem von dir definierten Keyword passen, nutze das Tool answerthepublic.com.

- Schaltest du Anzeigen auf Google, hast du Zugriff auf den Keyword-Planer, der die Suche nach den passenden Keywords erleichtert.

- Strukturiere den Text übersichtlich, platziere Unterüberschriften, so dass dein Beitrag für den User „snackable" ist, also schnell und leicht zu rezipieren, und er diesen mit Genuss liest.

- Schreibe regelmäßig Beiträge. Ein Blogpost in der Woche wäre spitze, aber ein Beitrag alle zwei Wochen ist ebenso in Ordnung.

- Wenn du selbst nicht gerne schreibst, beauftrage einen Freelancer. Das kostet nicht die Welt.

Und hier noch ein ganz besonderer Tipp von uns:

SCHICKE DEINE LESER AUF EINE HELDENREISE

Immer wieder werden wir gefragt, wie man spannende Blogbeiträge verfasst. Nun schreibst du als Heilpraktiker und Therapeut meist eher fachliche Texte, mit denen du deinen Lesern in verständlichen Worten und mit vielen nützlichen Hinweisen eine echte Hilfestellung bei der Lösung ihrer gesundheitlichen oder psychischen Probleme bietest und damit deine Expertise zeigst. Menschen googeln schließlich nicht „spannender Therapeut in München Schwabing", sondern „Therapie Burnout Heilpraktiker München Schwabing". Im Mittelpunkt deiner Texte oder Beiträge sollte also der potenzielle Klient stehen. Natürlich darfst du auch witzig sein, Wortspiele einbauen oder auf den Überraschungseffekt setzen.

Wenn du Menschen von dem was du tust, überzeugen möchtest, kannst du – zumindest hin und wieder – mitreißende Geschichten erzählen, die im Gedächtnis haften bleiben und für eine emotionale Bindung sorgen. Die Protagonisten vieler bekannter Geschichten durchlaufen die Stufen der sogenannten Heldenreise. Star Wars, Harry Potter, Pretty Woman und König der Löwen… Wenn du das Muster der Heldenreise einmal verstanden hast, wirst du nicht nur deinen Kindern bessere Geschichten erzählen, sondern auch deinen Kunden.

Dein (möglicher) Kunde wird in der Geschichte zum Helden. Er verspürt einen Defizit in seinem Leben und aufgrund des immer stärker werdenden Leidensdrucks entschließt er sich, sich der Herausforderung stellen. Er probiert unterschiedliche Wege aus und erlebt immer wieder Rückschläge, bis er dir und deinem Behandlungsangebot begegnet. Mit dir als Mentor gelingt es deinem Klienten, sein Defizit auszugleichen. Er durchlebt in den gemeinsamen Sitzungen eine Transformation, die ihm positive Perspektiven für sein weiteres Leben bietet.

Es liegt an dir, diese Heldenreise mit Leben zu füllen, um potenzielle Klienten emotional abzuholen. Folgende Überlegungen können dir dabei helfen:

- Deine Zielgruppe ist der Held in deiner Geschichte beziehungsweise in deinem Blogbeitrag.

- Mache die Schmerzpunkte Deiner Zielgruppe zu eurem gemeinsamen Feind.

- Schlüpfe in die Rolle des Mentors, der dem Interessenten zeigt, wie er seinen Feind überwinden kann.

- Begleite den Helden auf seiner Suche und besiege schließlich gemeinsam mit ihm den Feind.

Das Muster könntest du beispielsweise anwenden, wenn du in einem Blogpost die Story eines Klienten erzählst (selbstverständlich anonymisiert), der die Reise zur Überwindung seiner Probleme tapfer angetreten hat, dabei Fortschritte und Rückschläge erlebt hat und ihr dann letztlich gemeinsam (der Patient in der Hauptrolle und du als Mentor) gemeinsam das dunkle Tal durchschritten habt.

Lass dich hierbei von Werbung, zum Beispiel von Nike („Just do it“), inspirieren, die häufig mit Elementen der Heldenreise arbeitet.

5.8 WARUM SUCHMASCHINENOPTIMIERUNG (SEO) WICHTIG IST

Du hast jetzt viel über die perfekte Website, über CTAs und Blogs gelesen. Doch das Kapitel Sichtbarkeit wäre ohne das Thema Suchmaschinenoptimierung nicht vollständig. Denn die Suchmaschinenoptimierung – auch als Search Engine Optimization (SEO) bezeichnet – ist eines der wichtigsten Sichtbarkeits-Tools, das jeder Therapeut und Heilpraktiker im digitalen Zeitalter nutzen sollte. Nachfolgend wollen wir dir die wichtigsten Schritte einer erfolgreichen Suchmaschinenoptimierung aufzeigen, die du selbst erledigen kannst.

Keywords – User googlen häufig das Problem und nicht die Lösung

Bevor du Texte für deine Praxis-Homepage erstellst, solltest du dir überlegen, unter welchen Suchbegriffen (Keywords) du bei Google gefunden werden möchtest. Bedenke dabei, dass User neben allgemeineren Begriffen wie „Heilpraktiker München Schwabing“ häufig ihr Problem in die Google-Suche eingeben, um dann in den Ergebnissen verschiedene Lösungsvorschläge zu erhalten.

So könntest du auf die Suchanfrage „Gewicht verlieren“ im Ranking weiter oben landen, wenn du die Keyword-Kombination „Gewicht verlieren mit Hypnose-Therapie“ in deinen Texten verwendest. Die Zeiten, in denen derjenige bei Google erfolgreich war, der Keywords am häufigsten geschickt im Text platziert hat, sind zum Glück lange vorbei. Verwende dein wichtigstes Keyword gezielt in der Hauptüberschrift, im ersten Absatz und am Ende. Ansonsten platziere Suchbegriffe und Keyword-Kombinationen sinnvoll und verwende auch Synonyme. Google wird sie verstehen.

Texte für deine Homepage – schreib für deine Zielgruppe

Vorab sei gesagt: Es gibt keine verbindliche Empfehlung für die optimale Länge eines Textes. Tendenziell ranken längere Texte in den Suchmaschinen weiter oben. Du solltest deine Texte jedoch in jedem Fall so gestalten, dass sie für die User hilfreich, relevant und informativ sind und keine Fragen offen bleiben. Wenn zu einem bestimmten Thema mit 300 Worten alles gesagt ist, dann solltest du deinen Text nicht künstlich in die Länge ziehen. Ansonsten gilt:

- Mache dich mit deiner Zielgruppe vertraut und sprich ihre Sprache.
- Versorge sie mit allen relevanten Informationen zu Fragen, die sie bewegen.
- Schreibe verständlich, informativ und vor allem empathisch.
- Vermeide Floskeln wie „Ich stelle meine Klienten in den Mittelpunkt", das sollte selbstverständlich sein.
- Gliedere deinen Text in einzelne Absätze mit Zwischenüberschriften, um die Lesbarkeit zu erhöhen.
- Gestalte deine Überschriften so, dass deine Nutzer Lust bekommen, mehr zu erfahren und weiterzulesen.
- Vermeide „Textwüsten" und lockere deinen Text mit Bildern, Listen, Grafiken oder Videos auf.
- Verwende bei Bildern, Videos und Grafiken sogenannte Alt-Tags, die den Bildinhalt kurz erklären und immer dann erscheinen, wenn ein Bild nicht geladen werden kann. Verwende bei der Benennung deine Keywords, so wirst du auch bei der Google-Bildersuche oben erscheinen.
- Keine Sorge, du musst nicht unzählige Texte für deine Praxis-Homepage schreiben. Aktualisiere die bestehenden, wenn du neue wichtige Informationen für deine Zielgruppe hast, zum Beispiel nach einer Fortbildung dein Behandlungsangebot erweitert hast. So zeigst du Google, dass deine Seite „lebt" und nicht statisch ist.

Nachfolgend möchten wir dir zum Verfassen von Texten noch folgende Tipps zum Thema Perspektive geben:

Nimm zunächst die Perspektive deiner potenziellen Klienten ein, die nach einer Lösung für ihr Problem suchen. Beschreibe das Problem und zeige die Konsequenzen auf, beispielsweise Schmerzen, Ängste oder Burn Out-Gefahr.

Anschließend erklärst du den interessierten Usern genau, wie du ihr Problem mit deiner Expertise lösen kannst. Gib einen Ausblick auf das Leben, das sie ohne Schmerzen oder Ängste führen könnten. Bringe dabei den Nutzen deiner künftigen Patienten kurz und knackig auf den Punkt und verliere dich nicht in endlosen Fachvorträgen.

Nachdem der User nun weiß, dass du die Lösung für seine Beschwerden hast, möchte er wissen, wer du bist und warum du denn machst, was du machst. Jetzt kommt deine Biografie ins Spiel und vor allem die Frage nach deinem Warum. Meist lautet die Antwort darauf: „Ich möchte Menschen helfen." Unserer Ansicht nach ist das nicht tief genug.

Dazu möchten wir dir gerne ein Beispiel aus Sandras Coaching-Praxis geben: Ihr Klient stand kurz vor der Eröffnung seiner Heilpraktiker-Praxis und hatte auch schon viele Anfragen von Patienten. Dennoch war er blockiert und nicht in der Lage, seine Praxis aufzusperren. Im Coaching kam zutage, dass er als Kind Ohnmacht erlebt hat: gegenüber einem alkoholsüchtigen, gewalttätigen Vater und einer überforderten Mutter. Das Ergebnis der Sitzungen war, dass die Klienten, die er anzieht, Menschen in scheinbar aussichtslosen Situationen sind – genau wie er als Kind. Das war dann letztendlich sein Warum: Menschen aus ihrer vermeintlichen Ohnmacht zu holen.

Solltest du dein tiefstes Warum nicht kennen, empfehlen wir dir, dies in einem Coaching herauszufinden. Du musst deine tiefsten Gründe nicht öffentlich machen, aber wenn du weißt, was dein Warum ist und welche Emotionen sich damit verknüpfen, wird das in deine Texte einfließen und Menschen tief im Herzen berühren – sie werden sich von dir verstanden fühlen.

Wenn du merkst, dass dir das Texten überhaupt nicht liegt, arbeite mit einem Profi zusammen, der genau diese essenzielle Botschaft transportieren kann.

Warum Meta-Daten wichtig sind

Durch die Meta-Tags „Title (Überschrift)" und „Description (Beschreibung)" erhalten Suchmaschinen detailliertere Informationen zu deiner Website. Title, Description und der Link zu deiner Seite erscheinen als sogenanntes Snippet in den Suchmaschinen-Ergebnissen. Nachfolgend ein Beispiel: Dabei wird der Title-Tag im Suchergebnis bei Google meist blau angezeigt. Es folgt der Link zu deiner Homepage. Die Description steht darunter und beschreibt, was der Suchende auf der Seite findet. Es lohnt sich, diese Tags selbst zu texten, sie mit

Keywords zu versehen und im Content-Management-System deiner Website - zum Beispiel in Wordpress - zu hinterlegen. Andernfalls zieht Google sich diese Angaben eigenhändig von deiner Seite, zum Beispiel aus der ersten Überschrift und dem ersten Textabsatz. Da die Zeichenlänge beim Title maximal 70 Zeichen beträgt und bei der Description ca. 160 Zeichen (inklusive Leerzeichen), werden Title und Description häufig abgebrochen und erscheinen damit unvollständig.

Verlinkung von anderen Seiten (Backlinks)

Bei Backlinks handelt es sich um Verweise von einer Domain auf eine andere. Nutzer können diese Links klicken, um auf die verlinkte Domain zu gelangen. Diese sogenannten Backlinks sind ein wichtiger Rankingfaktor für Google. Wichtig ist dabei nicht die Anzahl der Backlinks, sondern die Qualität. Google prüft, ob die Seite, die dich verlinkt, vertrauenswürdig und relevant ist. Ist dies der Fall, kannst du im Google-Ranking nach oben kommen.

Unser Tipp: Beginne damit, deine Praxis-Homepage in lokale Webverzeichnisse und Branchenseiten einzutragen, die dann automatisch auf dich verlinken. Setze selbst Backlinks auf vertrauenswürdige Seiten und bitte im Gegenzug ebenfalls um Verlinkung.

Ist deine Website mobile-optimiert?

Laut Google starten immer mehr Nutzer ihre Suchanfrage von mobilen Endgeräten aus und nicht mehr vom Desktop-PC. Deshalb ist die mobile Optimierung zu einem wichtigen Ranking-Faktor geworden. Unter Mobile-Optimierung sind Maßnahmen zu verstehen, die darauf abzielen, Webinhalte auf mobilen Endgeräten wie Smartphones und Tablets optimal darzustellen.

Unsere Empfehlung lautet, dass du für deine Homepage von Anfang an ein sogenanntes responsives Design wählst, das sich automatisch an das jeweils benutzte Endgerät anpasst und die Inhalte dort benutzerfreundlich dargestellt werden. Du ersparst dir damit die Kosten für das Aufsetzen einer extra mobilen Seite mit eigener URL. Ein Content-Management-System wie beispielsweise Wordpress bietet sowohl responsive Designs als auch sogenannte Plug-Ins an, mit denen deine Website optimal auf allen mobilen Endgeräten angezeigt wird.

Wie schnell lädt deine Seite?

Google zeigt in einer Studie auf, dass sich die Absprung-Rate der Nutzer fast verdoppelt, wenn die Ladezeit einer Website von einer auf fünf Sekunden steigt. Um dem User die bestmögliche Nutzererfahrung zu ermöglich, hat Google die Ladegeschwindigkeit zu einem Ranking-Faktor erklärt. Als ungefähre Richtlinie gilt dabei: Deine Webseite sollte auf dem Desktop in unter einer Sekunde und auf dem Handy in unter zwei Sekunden fertig geladen beim Nutzer sein.

Was kannst du tun, damit deine Seite schneller lädt? Ein wichtiger Faktor sind die Bilder auf deiner Homepage. Sie sorgen dafür, dass deine Website anschaulich und attraktiv für Nutzer ist. Gleichzeitig bergen sie die Gefahr, dass sich die Dateigröße deiner Webseite enorm erhöht und dadurch die Ladezeit verzögert wird. Deshalb solltest du grundsätzlich nur Bilder verwenden, die in der Auflösung für die Webnutzung optimiert sind. Hinterlege zwei Bild-Formate für Desktop-Nutzer (hochauflösend) und für mobile in deinem Content-Management-System.

Datensicherheit - das SSL Zertifikat als Ranking-Faktor

Die Sicherheit beim Datentransfer im Internet und das Ranking in den Suchmaschinen sind zwei wichtige Faktoren für jeden Website-Betreiber. Einerseits müssen sensible User-Daten vor unberechtigtem Zugriff geschützt werden, andererseits wünschst du dir, mit deiner Praxis-Homepage möglichst weit vorne in den Suchergebnissen aufzutauchen. Ein SSL-Zertifikat dient beiden Zwecken. Websites, die über eine SSL-Verschlüsselung verfügen, sind an dem kleinen Schloss und dem Kürzel https (statt http) in der Adresszeile des Browsers zu erkennen.

In der Regel bietet dein Domain- oder Website-Provider die Sicherheits-Zertifikate mit an.

Unverzichtbar – das Google MyBusiness-Profil

Unter den Firmeneinträgen im Netz kommt dem Google MyBusiness-Profil eine wichtige Bedeutung im lokalen Praxismarketing zu. Richte dir auf jeden Fall einen kostenlosen Account ein und fülle diesen so vollständig wie möglich aus. Adresse, Öffnungszeiten, Telefonnummer und Fotos sind dabei das Minimum an Informationen, die du nicht nur deinen Klienten, sondern auch den Suchmaschinen bieten solltest. Nutze außerdem die Möglichkeit, aktuelle Beiträge zu deinem Unternehmen zu posten. Tausche des Weiteren regelmäßig deine Bilder oder füge neue Fotos hinzu. Damit du beim Suchergebnis - zum Beispiel unter dem Stichwort "Heilpraktiker Hamburg" - auf den oberen Plätzen landest, ist es unter anderem wichtig, regelmäßig auf deinem Profil aktiv zu sein.

Menschen verlassen sich auf Bewertungen und Empfehlungen im Web. Diese sind deshalb ein wichtiges Mittel zur Patientengewinnung. Dein Google Unternehmensprofil zeigt die Anzahl deiner Bewertungs-Sterne und der Google-Rezensionen an. Je mehr positive Bewertungen deine Praxis hat, umso wahrscheinlicher entscheidet sich ein Patient, sie bei Beschwerden aufzusuchen.

Rezensionen - auch nicht positive - sind ein wertvolles Feedback-Instrument. Lese deine Bewertungen regelmäßig und aufmerksam. Drücke dort deine Freude über ein Lob aus und reagiere höflich auf Kritik und stelle deine Sicht der Dinge dar.

Dein Business-Konto ist zudem mit Google Maps verknüpft, so dass Interessierte sofort sehen, welche Praxis sich in ihrer Nähe befindet und damit schnell erreichbar ist.

6.

MARKETING

In diesem Kapitel setzen wir uns intensiv mit dem Thema Marketing in allen seinen Aspekten auseinander. Dazu erhältst du zunächst eine ausführliche Einführung, um dir ein Grundverständnis für die Thematik zu ermöglichen. Du lernst eine Menge über (Online-)Marketing und seine schier unendlichen Möglichkeiten. Ebenso erfährst du Grundsätzliches zum Thema Content Marketing, das seit einigen Jahren in aller Munde ist. Aber keine Sorge, nach der Theorie widmen wir uns ebenso ausführlich der praktischen Umsetzung. Du erfährst unter anderem, wie du beispielsweise mit Google- oder Facebook-Ads erfolgreich wirbst, wie du im Gespräch überzeugst und was die absoluten No-Gos im Marketing sind. Des Weiteren haben wir viele wertvolle Tipps für dich auf Lager.

6.1 DIE WICHTIGSTE ERKENNTNIS VORAB: OHNE WERBUNG GEHT ES NICHT

Bei Wikipedia findet sich zum Thema Marketing Folgendes:

„Der Begriff Marketing oder [...] Absatzwirtschaft bezeichnet zum einen den Unternehmensbereich, dessen Aufgabe (Funktion) es ist, Produkte und Dienstleistungen zu vermarkten [...], zum anderen beschreibt dieser Begriff ein Konzept der ganzheitlichen, marktorientierten Unternehmensführung zur Befriedigung der Bedürfnisse und Erwartungen von Kunden und anderen Interessengruppen [...]."
[Quelle: Wikipedia]

Auch als Angehöriger eines Heilberufes leitest du ein Unternehmen, denn du bietest eine Dienstleistung an. Und auch wenn du mit deiner Tätigkeit deiner Berufung nachgehst, brauchst du ausreichend Klienten, um von deiner Arbeit gut leben zu können. Um wiederum genug Patienten in deine Praxis zu bekommen, bist du auf Bekanntheit angewiesen. Damit du dein Ideal, mit deiner Arbeit Menschen helfen zu können, mit deinem ganz praktischen Interesse an Einkommen verbinden und verwirklichen kannst, müssen potenzielle Klienten auch wissen, dass es dich und dein Angebot gibt.

In Deutschland versteht man unter Werbung allgemein alle direkt verkaufsfördernden Maßnahmen. Marketing dient also dem Zweck, Erlöse zu erzielen und diese zu steigern. Du siehst, Werbung ist wichtig, aber ebenso wichtig ist es, hier einen eigenen Stil zu entwickeln. Denn wie jeder Mensch einzigartig ist, so ist auch dein eigenes Unternehmen einzigartig. Marketing soll deine Stärken und deine Individualität herausstellen. Werbung ist dabei dein „Fenster" nach draußen, das dir die Möglichkeit bietet, zu zeigen, was du kannst.

Wichtig dabei ist, den Klienten abzuholen. Stell dir vor, du bist ein potenzieller Kunde, der keine Vorstellung vom Angebot rund um die Themen Psychotherapie, Therapie beziehungsweise Heilpraktiker hat. Was würde dich ansprechen oder interessieren? Was müsstest du wissen, um eine positive Kaufentscheidung treffen zu können?

Allerdings darfst du den Kunden nicht mit zu vielen Informationen überfordern. Hier gilt definitiv: Weniger ist mehr. Setze den Fokus deiner Marketingaktivitäten auf das Wesentliche. All jenen, die mehr wissen wollen, kannst du immer noch Zusatzinformationen anbieten.

Als erstes Fazit lässt sich festhalten: Je klarer und selbstbewusster du auftrittst, desto leichter entsteht Vertrauen. Der Weg zu dir soll einfach und eindeutig sein. Zeige deine Kernkompetenz in straffer Form auf, das macht es für den potenziellen Klienten einfacher, sich für eine deiner Leistungen zu entscheiden. Er möchte nicht sofort wissen, was du alles kannst, sondern vor allem, worin du Experte bist und wie du ihm bei der Lösung seines Problems behilflich sein kannst.

6.2 WAS VERSTEHT MAN UNTER ONLINE-MARKETING | INTERNET-MARKETING | DIGITAL-MARKETING?

Online-Marketing bildet einen festen Bestandteil im Marketing-Mix moderner Unternehmen. Schließlich hat sich im Zuge der Digitalisierung auch die Werbung gewandelt. Die Kommunikation über herkömmliche Marketingkanäle reicht heute nicht mehr aus, um Kunden zu begeistern und zu überzeugen. Wie bereits erwähnt, leitest auch du als Heilpraktiker und Therapeut ein Unternehmen. Deshalb finden wir es wichtig, dir an dieser Stelle einen Überblick zu geben.

Gerade jüngere Menschen - aber nicht nur sie - sind über die traditionellen Kanäle kaum noch zu erreichen. Deshalb richten die meisten Anbieter ihren Fokus auf erfolgversprechende Marketingkampagnen im Internet. Angefangen bei kleinen Werbebannern konnte sich das digitale Marketing zu einem der wichtigsten Aushängeschilder für Marken und Unternehmen entwickeln. Nahezu jedes Unternehmen - ob groß oder klein - nutzt das World Wide Web aktiv, um die Reichweite und somit auch die Verkäufe zu steigern. Wer heute nicht im riesigen Teich des Online-Marketings mitmischt, der ist praktisch gar nicht vorhanden. Digitales Marketing ist allerdings auch sehr komplex: Es richtet sich nicht nach den Regeln des klassischen Offline-Marketings und bietet Anwendern zudem einen Pool an nahezu unendlichen Möglichkeiten - und das häufig für ein kleines Budget.

Internet-Marketing besteht aus diversen Vermarktungs- und Werbemaßnahmen, die abhängig von der Zieldefinition, bestimmte Angebote oder Produkte beziehungsweise Dienstleistungen auf dem digitalen Absatzmarkt positionieren sollen. Im Mittelpunkt steht in der Regel die Kommunikationspolitik, doch auch Maßnahmen aus der Distributions- sowie der Produktpolitik finden oftmals Verwendung. Branding und Umsatzsteigerung bilden die entscheidenden Ziele im Online-Marketing. Da mehr und mehr Menschen im World Wide Web gezielt nach Informationen und Dienstleistungen suchen, sollten sich Unternehmen – also auch du als Therapeut und Heilpraktiker – entsprechend auf dem digitalen Absatzmarkt positionieren. Nur so kannst du langfristig neue Patienten gewinnen, bestehende Klienten binden und dauerhaft deine Umsätze steigern. Die eingesetzte Marketingstrategie muss dabei immer auf die jeweilige Zielgruppe ausgerichtet sein. Das entscheidende Alleinstellungsmerkmal des digitalen Marketings ist die wesentlich bessere Messbarkeit der eingesetzten Strategien sowie die Möglichkeit, neue Kampagnen jederzeit steuern und kontrollieren zu können. Synonym wird das Online-Marketing auch als Internetmarketing, Web-Marketing, digitales Marketing und Digital-Marketing bezeichnet.

Die Geschichte des Online-Marketing – ein kleiner Exkurs

Im September 1993 wurde die erste Online-Anzeige gekauft und ebnete so den Weg für das heutige Digital-Marketing. Mittlerweile ist aus dem Einzelkunden eine riesige Anzahl an Nutzern geworden, die sich zunehmend mit Internetwerbung befassen und täglich Milliarden Anzeigen auf Google, Facebook und Co. schalten. Dabei unterscheidet sich die Geschichte des digitalen Marketings nur unwesentlich von der Entstehung der klassischen Werbung. Durch die damalige rasante Kommerzialisierung entstand die erste Werbung, die den Umsatz nachhaltig steigern sollte. Schließlich mussten sich Unternehmen in den Industrieländern zunehmend gegen Konkurrenten behaupten und versuchten, mit Werbestrategien auf sich aufmerksam zu machen. In gleicher Art und Weise begann auch das Digital Marketing. Mit der zunehmenden Kommerzialisierung des Internets mussten sich Onlineshops, Websites und viele weitere gegen die digitale Konkurrenz durchsetzen. Die Entwicklung des World Wide Web prägte natürlich den Beginn des Online-Marketings. Mit der Zunahme von E-Mail-Diensten kam das E-Mail-Marketing und durch das Social Web entwickelte sich das heutige Social Media-Marketing. So baute sich im Laufe weniger Jahre die Geschichte des Digital-Marketings Stück für Stück auf. Heute kann grundsätzlich kein Unternehmen auf die verschiedenen Strategien des Internet-Marketing verzichten. Auch im Internet gilt der Leitspruch von Henry Ford: „Wer nicht wirbt, stirbt."

Das World Wide Web bietet Medienmachern, Mediennutzern und Werbetreibenden heute nahezu unbegrenzte Möglichkeiten. Websites können mittlerweile mit den unterschiedlichsten digitalen Formaten - von Videos und Bildern bis hin zu Podcasts - ausgestattet werden. Parallel ermöglicht das Web die direkte Kommunikation zwischen Nutzern und Unternehmen sowie unter den Usern selbst. Dadurch ergeben sich neue Perspektiven für den Austausch zu bestimmten Themen, das Echtzeit-Feedback, Veränderungswünsche und Anpassungen.

Zu Beginn konnten die Werbetreibenden das World Wide Web wie zuvor bei den klassischen Zeitungsanzeigen oder Werbespots nur in eine Richtung nutzen. Beide Werbeformen veröffentlichten ihre Inhalte und hofften so, die gewünschte Zielgruppe auf das Produkt aufmerksam zu machen. Eine Kommunikation kam nicht zustande. Erst mit dem Aufbau des Web 2.0 und dem Beginn der sozialen Netzwerke um die Jahrtausendwende löste sich das Digital-Marketing von den klassischen Marketingstrategien. Das Teilen von Beiträgen über die sozialen Medien, die Kommentarfunktion und die unterschiedlichen Formate auf Websites ermöglichten die Kommunikation. Das Online-Marketing wurde attraktiver und userfreundlicher. Die ersten Blogs entstanden, die mit ihren Inhalten zwar einen Mehrwert für den Besucher boten, aber auch bestimmte Marketingzwecke erfüllten.

Welche Vorteile hat das Internet-Marketing?

Onlinemarketing hat so einige Vorzüge, die wir dir nicht vorenthalten wollen, da du auch als Angehöriger eines Heilberufs davon profitieren kannst:

- Kostengünstiges Marketing-Instrument
  Digitale Marketingmaßnahmen sind prinzipiell wesentlich kostengünstiger als Offline-Kampagnen wie TV- oder Funkspots. Auch du kannst als Heilpraktiker und Therapeut mit einem eher geringeren Werbebudget vom bezahlbaren Digital-Marketing profitieren.

- Direkte Zielgruppenansprache
  Mithilfe moderner Targeting- und Tracking-Methoden kannst du User zielgenau ansprechen und so dein Budget wesentlich effektiver einsetzen. Streuverluste werden minimiert, indem du beispielsweise über Google AdWords nur Besucher auswählst, die aktuell nach der passenden Dienst-

leistung suchen oder in einem bestimmten geografischen Gebiet wohnen. Über Facebook-Anzeigen lässt sich die eigene Zielgruppe nach Alter, Geschlecht oder Interessen noch stärker selektieren.

- Erfolgskontrolle möglich
  Jede digitale Marketingmaßnahme kannst du problemlos messen und kontrollieren. Schließlich ist alles, was im World Wide Web geschieht, mithilfe verschiedener Algorithmen berechenbar. Beim Werbeschild an der Straßenecke hingegen lässt sich die Anzahl der Menschen, die das Werbeplakat gesehen und darauf reagiert haben, nur schwer ermitteln. Im Digital-Marketing kannst du beispielsweise durch Klicks oder Views die Effizienz der einzelnen Maßnahmen sehr präzise erfassen. Bei einigen Geschäftsmodellen lässt sich sogar der gesamte Pfad von der erstmaligen Kontaktaufnahme bis zum Kauf verfolgen.

- Weltweite Ansprache
  Marketingmaßnahmen im Internet ermöglichen es, potenzielle Klienten jederzeit auf der ganzen Welt anzusprechen – egal, wo sie gerade Urlaub machen. Für globale und multinationale Unternehmen bietet dies einen enormen Vorteil. Traditionelle Kanäle können mit der kostengünstig erzielbaren Reichweite des Internets nicht Schritt halten.

- Multimediale Chancen
  Mithilfe multimedialer Anwendungen kannst du deine Nutzer emotional ansprechen und deine Dienstleistungen als Heilpraktiker oder Therapeut anschaulich erklären. Im Gegensatz zu jeder noch so aufwendig gestalteten Anzeige in den Printmedien sind die Darstellungsmöglichkeiten im Internet unbegrenzt. Auf der eigenen Website lassen sich problemlos Animationen, Bild und Ton, Videos sowie interaktive Elemente einfügen.

- Interaktivität
  Alle Anwendungen im Online-Marketing bieten deinen Usern die Möglichkeit der direkten Rückmeldung. Über eingebettete Chat-Systeme auf der eigenen Website oder über die Kanäle der sozialen Medien können potenzielle, aber auch bestehende Klienten sofort Kontakt mit dir aufnehmen. Die anfallenden Kosten für diese Bereiche fallen für gewöhnlich gering aus. Du erhältst so wertvolles Feedback, kannst offene Fragen beantworten oder konstruktive Kritik annehmen.

Internet-Marketing im Marketing-Mix

Der klassische Mix aus Marketingmaßnahmen besteht aus der Kombination von vier verschiedenen Marketinginstrumenten. Die sogenannten „4P" setzen sich aus Product, Price, Placement und Promotion zusammen, die Unternehmen effektiv für ihre Umsatzsteigerung anwenden. Jedes Element wird dabei markt- und zeitraumbezogen eingesetzt. Das Digital-Marketing greift ebenfalls auf die Komponenten der 4P zurück. Arbeiten die Distributionspolitik, die Kommunikationspolitik, die Preispolitik und die Produktpolitik im Einklang miteinander, ergeben sich beträchtliche Möglichkeiten in der Absatzsteigerung. Im Kleinen gilt das auch für dich als Therapeut und Heilpraktiker.

- Product – die Produktpolitik
  Die Produktpolitik umfasst alle Maßnahmen, die das angebotene Produkt stärker in den Fokus bringen oder die darauf ausgerichtet sind, dass Kunden dieses positiver beurteilen. Ob die Ware oder die Dienstleistung vom Käufer akzeptiert oder abgelehnt wird, entscheidet er letztendlich aufgrund der Gestaltung, Verpackung, Marke, Qualität, Produktlinie und des Service. Die ideale Produktpolitik überzeugt den Kunden davon, dass er genau dieses Erzeugnis braucht. Eine nachträgliche Korrektur der Produktpolitik kann allerdings auch ernste Folgen für den gesamten Online-Marketing-Mix haben.

- Price – die Preispolitik
  Verschiedene Modelle der Preisbildung können dabei helfen, einen Kaufabschluss zu erreichen. Die Preispolitik steht somit in enger Verbindung mit der Produktpolitik. Dieser Bereich deckt alle Maßnahmen ab, die die Preisdifferenzierung und das Preisniveau betreffen.

- Place – die Distributionspolitik
  Alle Maßnahmen, damit das Produkt vom Herstellungsort zum Kunden gelangt, betreffen die Distributionspolitik. Logistische Gesichtspunkte spielen von der Fertigung bis hin zur Präsentation vor Ort eine tragende Rolle. Der jeweilige Vertriebskanal ist entscheidend: Ob das Produkt oder eine Dienstleistung an einem Point-of-Sale beziehungsweise in deiner Praxis zum Einsatz kommen oder nur im Onlineshop angeboten wird, bestimmt die Umsatzsteigerung.

- Promotion – die Kommunikationspolitik
  Bestimmt durch die eigene Zielgruppe, soll ein Kontakt zwischen dem potenziellen Kunden und dem Anbieter auf persönlichem oder unpersönlichem Weg entstehen. Dazu bietet die Kommunikationspolitik verschiedene Möglichkeiten zur Verkaufsförderung. Mithilfe gezielter Werbemaßnahmen können Käufer vom angebotenen Produkt überzeugt und letztlich zum Kauf angeregt werden. Durch umfassende PR-Maßnahmen sollen die Vorzüge des Angebots demonstriert und alle offenen Fragen geklärt werden. Über die sozialen Netzwerke bekommen Unternehmen die Möglichkeit, einen direkten Kundenkontakt aufzubauen. So hat der potenzielle Käufer jederzeit einen kompetenten Ansprechpartner. Mithilfe diverser Bewertungsportale können anhand positiver Feedbacks Kaufabsichten gestärkt werden. Darüber hinaus entsteht ein langfristiger Kontakt zwischen Unternehmen und Kunden.

Die wichtigsten Instrumente im Online-Marketing

Modernes Internetmarketing setzt sich grundsätzlich aus den folgenden Marketinginstrumenten zusammen:

- E-Mail-Marketing

- Social-Media-Marketing mit dem Community-Aufbau, Community-Management und der Social-Media-Werbung

- Content-Marketing zusammen mit der Content-Konzeption, Content-Produktion und Content-Distribution

- Internet-PR mit Blogger Relations, Influencer-Marketing und Medienarbeit

- Suchmaschinenmarketing (SEM), das sich aus der Suchmaschinenoptimierung (SEO) und der Suchmaschinenwerbung (SEA) zusammensetzt

- Affiliate-Marketing

Der Unterschied zwischen Push und Pull im Online-Marketing

Ursprünglich kommt der Begriff der Push- und Pull-Strategie aus der Vertriebspolitik.

Zum einen verstehen Marketingexperten darunter das „Hineindrücken“ von Artikeln (engl. to push = dt. drücken) in einen Absatzmarkt. Um dieses Ziel zu erreichen, bieten Händler nicht selten spezielle Rabatte oder Sonderaktionen. Zum anderen werden Kampagnen gestartet, die den Endkunden dazu bringen, ein bestimmtes Produkt nachzufragen und so in den Markt „hineinzuziehen“ (engl. to pull = dt. ziehen). Die hohe Kunst der Kommunikationspolitik besteht darin, passende Strategien für effektive Pull-Marketingmaßnahmen zu entwickeln. Sobald Kunden anfangen, selbst die Initiative zu ergreifen, um Waren nachzufragen und aktiv Unternehmen suchen, ist das Ziel der Kommunikationsexperten erreicht. Diese Strategien lassen sich selbstverständlich auch ins Digital- Marketing übertragen. Unternehmen müssen einzigartige, informative, interessante und qualitativ hochwertige Inhalte teilen, damit Kunden mit dem Unternehmen Kontakt aufnehmen.

Pull-Marketingmaßnahmen im Internet-Marketing basieren darauf, stets dort sichtbar und vertreten zu sein, wo die Wunsch-Zielgruppe präsent ist. Moderne Kommunikationsstrategien sehen vor, dass sich das Unternehmen als Teil dieser Community versteht und die Mitglieder motiviert, es in ihren Bekanntenkreis aufzunehmen. Während Push-Strategien den Grundstein jeder Marketingkampagne bilden, bietet das Pull-Marketing größere Chancen, Kunden auf langfristiger Basis zu gewinnen und an das Unternehmen zu binden. Das Zusammenspiel beider Elemente erhöht die Sichtbarkeit drastisch und ist unter Berücksichtigung, dass die tägliche Nutzung des World Wide Web stetig zunimmt, besonders bedeutsam.

Push- und Pull-Marketingstrategien werden insbesondere im Digital-Marketing zukünftig eine wichtige Rolle einnehmen.

Ziele im Online-Marketing

Das Internet bietet bekanntermaßen eine riesige Palette an Möglichkeiten. Dementsprechend vielfältig gestalten sich auch die Ziele im Online-Marketing, die sich mithilfe des World Wide Web erreichen lassen:

- Branding bzw. Markenaufbau: Zunahme der Besucherzahlen auf der eigenen Website, organischer Traffic über Markenbegriffe, Erwähnung der eigenen Marke auf Blogs, sozialen Plattformen und Foren

- Leadgenerierung: Telefonanrufe, neue E-Mail-Kontakte, ausgefüllte Kontaktformulare

- Verkäufe: Bestellungen über Telefon und E-Mail, Verkäufe im Onlineshop

- Engagement: Niedrigere Absprungraten, Kommentare, Social Media Feedback, Zunahme der durchschnittlichen Verweildauer

Wie funktioniert Online-Marketing?

Jede erfolgreiche Online-Marketing-Kampagne beginnt mit der Analyse von Unternehmensstrukturen und der jeweiligen Zielsetzung. In Abhängigkeit davon werden der eingesetzte Marketing-Mix sowie die Online-Marketinginstrumente festgelegt. Grob formuliert besteht die Internet-Marketingkampagne aus vier Phasen:

STRATEGIEENTWICKLUNG - UMSETZUNG - CONTROLLING - AUSWERTUNG

Charakteristisch für das digitale Marketing ist, dass sich erfolgreiche Werbekampagnen nahezu direkt messen lassen. Das bedeutet, dass nach jeder Umsetzungsphase eine Überprüfung und Auswertung erfolgt. Dabei ist es selbstverständlich, dass Verbesserungspotenziale entdeckt werden. Nachdem die bisherigen Ergebnisse eingehend analysiert wurden, kann die Marketingkampagne an die neuen Bedürfnisse angepasst werden.

Ein erfolgreicher Ablauf des Online-Marketingprojekts beginnt mit dem sogenannten Tracking, das sämtliche Aufgaben der technischen Datenerfassung beinhaltet. Website-Betreiber erfahren durch die ausführliche Erfassung der Daten beispielsweise wie lange Besucher auf der eigenen Seite verweilen und welche Seiten am häufigsten besucht werden. Mithilfe verschiedener Tracking-Tools lassen sich so Rückschlüsse auf die eigene Marketingstrategie ziehen. Nach dem Tracking erfolgt die Datenaufbereitung. Dazu werden die für das Projekt wichtigen Key Performance Indicators (KPI) oder Leistungskennzahlen näher analysiert. Im Anschluss folgt die strategische Optimierung der Kampagne. Nach der Umsetzung der Strategie und der abschließenden Erfolgskontrolle beginnt das Tracking erneut.

Digitales Marketing ergibt also einen stetigen Kreislauf.

Wichtige Kennziffern im Online-Marketing

Abhängig vom Geschäftsmodell und der eingesetzten Strategie sind die Kennzahlen im Digital- Marketing unterschiedlich zu gewichten. Grundsätzlich wird hierbei zwischen den primären und sekundären Kennziffern unterschieden. Die primären Kennzahlen im Online-Marketing nehmen direkten Einfluss auf die finalen Ziele beispielsweise in Form von Transaktionen oder Conversions. Diese bilden die entscheidenden Kennziffern, mit denen sich Online-Marketingkampagnen messen lassen.

- Visitors geben die Anzahl an Website-Besuchern an.

- Mit den Unique Visits wird die Anzahl der einzigartigen Besucher angegeben.

- Conversions sind Leads wie beispielsweise neue E-Mail-Kontakte, Verkäufe oder Downloads.

- Die Conversionsrate gibt das Verhältnis zwischen Visits oder Klicks zu den erreichten Conversions an.

- Kosten pro Akquisition (CPA), Kosten pro Bestellung (CPO), Kosten pro Lead (CPL)

- Eine der wichtigsten Kennzahlen ist der sogenannte Return of Investment oder ROI. Diese Kennziffer beschreibt die Relation der Gewinnsumme zum eingesetzten Kapital.

- Der sogenannte Return On Advertising Spending kurz ROAS gibt das Verhältnis zwischen dem eingesetzten Marketingbudget und dem dadurch entstandenen Umsatz an.

- Zu den sekundären Kennzahlen im Online-Marketing gehört die Bounce Rate bzw. Absprungrate. Diese Rate ermittelt die Relation zwischen Besuchern, die nach dem Besuch einer URL weitere Klicks durchgeführt haben, zu den Nutzern, die keine Elemente mehr angeklickt haben. Findet der User nicht das, was er ursprünglich suchte, ist die Absprungrate dementsprechend hoch.

- Die Page Impression kurz PI gibt das Engagement der Besucher pro Visit an.

- Mithilfe der Aufenthaltszeit lässt sich ermitteln, wie lange User auf der eigenen Website verweilten.

- Anhand des Suchvolumens kann die Popularität der eigenen Domain oder Markenbegriffe gemessen werden.

- Mithilfe einer großen Menge an Traffic bringenden Keywords lässt sich die Sichtbarkeit in den Suchmaschinenergebnissen verbessern.

- Die Social Media Awareness gibt an, ob eigene Produkte in den sozialen Netzwerken erwähnt werden.

- Social Media-Kontakte, wie beispielsweise Youtube-Views, Twitter-Follower oder Facebook- Freunde bergen hohes Potenzial für Weiterempfehlungen und sind im Digital-Marketing nicht zu unterschätzen.

- Viele wiederkehrende Besucher sprechen zwar für loyale Kunden, doch kann dies auch ein Zeichen dafür sein, dass nicht genug neue Besucher generiert wurden.

- Mit der CTR oder Klickrate lässt sich der Einfluss des eingesetzten Werbemittels ermitteln.

Die größten Plattformen für Online-Marketing

Die folgende Aufzählung stellt die bedeutendsten Plattformen im Digital-Marketing dar. Dabei gehen wir nachfolgend nur kurz auf die einzelnen Netzwerke ein und behandeln die für dich wichtigen an anderer Stelle ausführlich. Da diese Plattformen die größten Besucherzahlen generieren, sollten Unternehmer – auch du als Heilpraktiker und Therapeut – nicht auf diese Anbieter verzichten. Die große Reichweite der Internetgiganten eignet sich ideal dafür, um auf das neue Produkt oder die eigene Marke aufmerksam zu machen. Allerdings sollte auch beachtet werden, dass die Konkurrenz auf den bekannten Plattformen riesig ist. Einzelne Marketingmaßnahmen versanden nicht selten im Nichts. Um bei den Global Playern erfolgreich mitspielen zu können, ist eine strategische Planung der Online-Marketingmaßnahmen erforderlich.

Facebook

Das soziale Netzwerk Facebook, das im Jahr 2004 gegründet wurde, hat sich zu einer riesigen Plattform entwickelt. Mittlerweile nutzen nicht mehr nur Privatpersonen den Online-Dienst, sondern zunehmend auch Unternehmen. Facebook bietet seinen Kunden verschiedene Werbeformen beispielsweise zur Bewerbung von Produkten oder zur Imagepflege.

Instagram

Der Online-Dienst zum Teilen von Fotos und Videos stieg in den letzten Jahren zu einem wichtigen Bestandteil im Social Media-Marketing auf. Instagram bietet zwar eigene Werbeplätze, doch sind es vor allem die sogenannten Influencer, die das Influencer Marketing so erfolgreich machen. Anhand der Follower-Zahlen und Likes lässt sich die eingesetzte Marketingstrategie genau messen.

YouTube

Die größte Videoplattform und nach Google die zweitgrößte Suchmaschine weltweit ist der Online-Dienst Youtube. Hier können sowohl Privatpersonen als auch kommerzielle Anbieter Videos ansehen, hochladen und eigene Kanäle erstellen. Youtube bietet mittlerweile eigene Werbekampagnen, die gezielt geschaltet werden können.

Google

Die größte und mit Abstand gefragteste Suchmaschine weltweit ist Google. Entsprechendes Marketing ist gerade im Hinblick auf die Search Engine Optimization (SEO) beziehungsweise Suchmaschinenoptimierung von Bedeutung. Die eigene Website kann sich nur auf den ersten Plätzen der Suchmaschine positionieren, wenn die Seite entsprechend optimiert wurde. Die vorderen Positionen bei der Google-Suche versprechen dabei mehr potenzielle Besucher, die die Website anklicken.

Neben der Suchmaschinenoptimierung gibt es eine weitere Methode, um die Suchmaschine Google in die eigene Marketingstrategie zu integrieren: Google AdWords. Das Schalten von Werbeanzeigen, die neben den Suchergebnissen erscheinen können, lockt wiederum viele Google-Nutzer an.

Amazon

Die amerikanische E-Commerce-Plattform konnte sich nicht nur zu einem bedeutenden Online-Händler entwickeln, sondern auch den Suchmaschinengiganten Google in der Produktsuche abhängen. Aus diesem Grund nutzt eine Vielzahl an Herstellern weltweit den Anbieter als Vertriebsplattform. Werbemöglichkeiten bietet Amazon seinen Kunden über die Amazon Marketing Services.

eBay

Die Plattform eBay wurde 1995 gegründet und entwickelte sich in den darauffolgenden Jahren zum größten Marktplatz im Internet. Zu Beginn ähnelte der Anbieter eher einem Flohmarkt, auf dem die unterschiedlichsten Artikel angeboten und verkauft werden konnten. Im Laufe der Zeit entdeckten allerdings auch kommerzielle Händler das Potenzial von eBay.

Die Bedeutung der Endgeräte im Digital-Marketing

Mit welchem Gerät Nutzer auf das Angebot im Internet zurückgreifen, bildet einen entscheidenden Faktor im Internetmarketing.

In der Regel wird hier zwischen drei Endgerät-Typen unterschieden: dem Desktop bzw. Laptop, dem Tablet und dem Smartphone. Nach den offiziellen Nutzerzahlen von Google nutzen mittlerweile immer mehr Menschen die mobilen Endgeräte, um auf die verschiedenen Onlinedienste zugreifen zu können. Trotzdem sollten stationäre Endgeräte bei der Aufstellung der individuellen

Marketingstrategien nicht ganz außen vor bleiben. In jedem Fall lohnt sich der Blick auf Web-Analyse-Tools wie beispielsweise Google Analytics, um festzustellen, welche Endgeräte die potenzielle Kundschaft verwendet. Zudem bekommen Anwender so einen schnellen Überblick über alle Benutzerzugriffe sowie über die genaue Verteilung der verschiedenen Endgeräte. Wie wichtig der Bereich „Mobile“ beispielsweise für das eigene Geschäftsmodell ist, lässt sich dann wesentlich sicherer einschätzen. Unternehmen sollten dabei nicht unterschätzen, dass Smartphones aufgrund neuer technischer Möglichkeiten wie Apps und durch veränderte Nutzungsgewohnheiten zunehmend an Bedeutung gewinnen. Interessanterweise wurde der Gebrauch stationärer Endgeräte in manchen Ländern sogar übersprungen.

Die Bedeutung von Online-Marketingstrategien

Durch den digitalen Wandel entstanden in den letzten Jahren stetig neue Websites, verbesserte Plattformen und der E-Commerce rückte zunehmend in den Fokus. Anhand dieser Entwicklung wird deutlich, wie bedeutend strategisch geplante Kampagnen im Internet-Marketing sind.

Immer mehr Waren werden nur noch online angeboten und sind außerhalb des Internets mitunter nicht mehr verfügbar. Kunden nutzen verstärkt die bequemen Möglichkeiten des Online-Versands und genießen dessen Vorteile. Auch wenn sie die Produkte lieber im Geschäft erwerben, informieren sie sich zunächst über das Internet. Für Telefonnummern und Öffnungszeiten ist das Web heute ebenfalls die wichtigste Quelle. Aus diesem Grund ist ein ansprechender Onlineshop oder eine interessante Homepage, die im Ranking der Suchmaschinen weit oben erscheint, heutzutage essenziell.

Mithilfe diverser Social Media-Kanäle lässt sich Aufmerksamkeit auf das eigene Produkt oder die eigene Dienstleistung lenken sowie eine höhere Reichweite und Nähe zum Kunden aufbauen. In den sozialen Netzwerken sollten sich Anbieter ebenfalls präsentieren, um direktes Feedback zu bekommen. So bleiben Unternehmen aktuell und stellen mithilfe der Interaktion auch eine langfristige Bindung her. Erfolgreiches Digital-Marketing bildet heute eine wichtige Voraussetzung für einen dauerhaften Unternehmenserfolg.

Ausblick: Die Herausforderungen an das moderne Internet-Marketing

Die Entwicklung der letzten 50 Jahre veranschaulicht glasklar die Vielschichtigkeit des Internet-Marketings. Während im Zeitalter der Push-Werbung der Aufbau kreativer Werbekampagnen im Fokus stand, nahmen durch das Digital-Marketing Analyse und Techniken zu. Darüber hinaus entstanden im Laufe der Jahre neue Kanäle im Marketing sowie sehr komplexe Marketingdisziplinen wie beispielsweise die Web-Analyse, SEO oder SEA. Hierfür müssen für das jeweilige Projekt zunächst relevante Methoden identifiziert und Kompetenzen im Bereich der Analyse, Kreation und Technik gebündelt werden. Eine weitere große Aufgabe besteht darin, einzelne Maßnahmen zukünftig miteinander in Beziehung zu setzen. Dabei wird jeder einzelne Beitrag zum Ganzen erfasst wie beispielsweise durch Attribution-Modelling oder Multi-Channel-Tracking. Die Erhebung dieser Datenmenge und die Interpretation der gesammelten Daten werden in Zukunft noch an Bedeutung gewinnen. Zudem wird sich das Digital-Marketing zukünftig als ganzheitlich, emotionalisierend, technisch, analytisch und mit einem hohen Spezialisierungsgrad darstellen.

Während Media- und Werbeagenturen mit dem sogenannten Online-Marketing 1.0 darauf abzielten, bereits bestehende Vorgänge aus der klassischen Werbung auf das digitale Marketing zu übertragen, erfordert modernes Internet-Marketing mehr. Beim Online-Marketing 2.0 bedarf es an analytischen Fähigkeiten, technischem Wissen und einem gewissen Maß an Kreativität. Handfeste Kennzahlen ergänzen das Bauchgefühl. Wer in der Lage ist, die Bereiche der Analyse, Gestaltung, Psychologie und Technik miteinander zu verbinden, wird langfristig im Internetmarketing bestehen. Das Web 2.0 sorgt außerdem dafür, dass sich Website-Betreiber mit einer Flut an Informationen und Inhalten konfrontiert sehen, die auch in Zukunft nicht nachlassen wird. Aus diesem Grund ist es umso wichtiger, dass sich Datenströme bewerten, identifizieren, kategorisieren, sortieren und ordnen lassen. Der Suchmaschinengigant Google hat sich auf diese Herausforderung bereits eingestellt und versucht mit semantischen Datenbanken wie Knowledge Graph oder Social Graph der Informationsflut Herr zu werden. So wird der Faktor Personalisierung im Online-Marketing an Bedeutung gewinnen. Durch die Datenerhebungen werden die einzelnen Inhalte stärker auf den individuellen Nutzer abgestimmt. Unternehmen können dadurch passgenaue Angebote erstellen, während User Informationen, Produkte und Dienstleistungen bekommen, nach denen sie wirklich gesucht haben.

6.3 WAS DU ÜBER CONTENT-MARKETING WISSEN SOLLTEST

Content-Marketing ist seit einigen Jahren in aller Munde, aber was ist das eigentlich? Um es kurz auf den Punkt zu bringen: Beim Content-Marketing geht es darum, kostenlose Inhalte zu kreieren und zu teilen, die deiner Zielgruppe einen echten Mehrwert bieten. Dabei sind die wichtigsten Ziele, die Steigerung deiner Bekanntheit beziehungsweise deiner Sichtbarkeit im Netz, die Gewinnung von neuen Klienten und die Stärkung der Bindung zu bereits bestehenden Patienten.

Die simple Erkenntnis hinter der Idee Content-Marketing ist also: User bewerten hochwertige, informative und unterhaltsame Inhalte positiver als rein werbliche Aussagen und schenken diesen auch wesentlich mehr Aufmerksamkeit. Wenn du also dein Expertenwissen userfreundlich aufbereitest und mit deinen Nutzern teilst, steigen nicht nur deine Reputation und deine Reichweite, sondern du erhöhst gleichzeitig deine Chancen, neue Klienten zu gewinnen.

Das wird auch durch Untersuchungen von Marktforschungsinstituten belegt, die gezeigt haben, dass sich Internet-User bis zu 45 Minuten mit Content-Marketing Inhalten beschäftigen – wenn sie diese für sich als spannend und neu empfinden. Diese lange Aufmerksamkeitsspanne wird beispielsweise ein Onlinebanner nie erreichen.

Wie kann ich Content Marketing umsetzen?

Ein Blog ist die effizienteste Art, Content erfolgreich umzusetzen. Du kannst dich als Experte präsentieren und bleibst im ständigen und engen Kontakt mit Klienten sowie Interessenten. Nebenbei fütterst du die Suchmaschinen und kannst ein besseres Ergebnis im Google-Ranking erzielen. Über Social-Media-Plattformen kannst du deinen Blog auch einem großen Publikum bekannt machen und deine Reichweite steigern.

Wenn du deine Beiträge mit Zahlen, Daten und Fakten untermauern möchtest, raten wir dir, diese in einer Infografik abzubilden. Infografiken sind bei Nutzern sehr beliebt und werden gerne auf Social Media geteilt, weil Zusammenhänge auf einen Blick erfasst werden können.

Du hast viele Blogbeiträge zu einem bestimmten Thema verfasst? Dann fasse sie doch in einem E-Book zusammen und hebe dich damit von deinen Wettbewerbern ab. E-Books sind auch ein tolles Mittel zur Steigerung deiner Bekanntheit und helfen dir damit bei der Gewinnung neuer Patienten für deine Praxis. Ratgeber-Bücher sind äußerst beliebt und sehr gefragt, weil sie den Lesern einen hohen Mehrwert bieten.

Weitere Möglichkeiten, Content Marketing umzusetzen, könnten beispielsweise Whitepaper oder Umfragen sein. Beliebt sind unter anderem auch Persönlichkeitstests oder Video-Tutorials auf Youtube. Großer Beliebtheit erfreuen sich inzwischen auch Podcasts.

Habe keine Angst, dein Wissen einfach so „for free" zu teilen. Du steigerst deine Sichtbarkeit und deinen Ruf als Experte mit Content-Marketing enorm, so dass du damit viele Patienten gewinnen kannst, die du mit deiner Expertise schon überzeugt hast, bevor sie einen Termin bei dir buchen.

6.4 MARKETING FÜR THERAPEUTEN UND HEILPRAKTIKER – WICHTIGE TIPPS FÜR MEHR SICHTBARKEIT

In den vorangegangenen Abschnitten hast du eine grundlegende und ausführliche Einführung in das Thema (Online-)Marketing erhalten. Jetzt steigen wir mit dir in die Praxis ein und geben dir Tipps für mehr Sichtbarkeit im World Wide Web und für die Erstellung deiner persönlichen Marketing-Strategie.

Erste Überlegungen

Stelle zunächst folgende grundsätzliche Überlegungen an und baue darauf Schritt für Schritt deine Strategie auf. Halte dabei die einzelnen Schritte und deine Ziele schriftlich fest.

- Was sind deine Behandlungsschwerpunkte, worauf hast du dich spezialisiert?

- Für welche Zielgruppe hat dein Behandlungsangebot den größten Nutzen und wie positionierst du dich am besten bei ihr

Hast du dich beispielsweise als Heilpraktiker auf Hypnosetherapie spezialisiert, gehören unter anderem wahrscheinlich Schmerzbehandlungen, Rauchentwöhnung oder Gewichts- und Stressreduktion zu deiner Angebotspalette. Menschen mit Schmerzen, Übergewicht oder Raucher gehörten dann zu deiner wichtigsten Zielgruppe, die du mit deiner Behandlungsmethode erfolgreich unterstützen kannst. Dieser Personenkreis wäre auch ziemlich divers und zahlreich, denn unter Schmerzen oder zu viel Hüftgold leiden, unabhängig vom Alter sowohl Frauen als auch Männer oder Kinder.

Hier könntest du zur Praxiseröffnung mit einer Anzeige in der Lokalzeitung potenziellen Klienten schon eine erste Info über dich und dein Angebot geben. Präsentiere dich als Experte. Setze dich zum Beispiel mit der örtlichen Volkshochschule in Verbindung und biete einen Vortrag über Hypnosetherapie an. Bei dieser Gelegenheit triffst du auf ein interessiertes Publikum und kannst die ersten Klienten finden, die dich nach einer erfolgreichen Behandlung sicher gerne weiter empfehlen werden.

Überlege auch, mit welchen Menschen du besonders gern arbeitest. Kannst du beispielsweise hervorragend mit Kindern umgehen, könntest du zum Beispiel deinen Behandlungsschwerpunkt auf Hypnose-Behandlungen für Kinder und Jugendliche mit ADHS legen. Sinnvoll wäre es in diesem Fall, den Kontakt zu Kinderärzten oder Kitas zu suchen, um dort dein therapeutisches Angebot bekannt zu machen und an Empfehlungen zu gelangen. Umgekehrt empfiehlst du eine Kinderärztin oder einen Kinderarzt, wenn bei einem deiner jungen Klienten ein somatisches Problem auftaucht.

Mach dir weitere Gedanken darüber, mit welchen Personen oder mit welchen Institutionen du vor Ort sonst noch zusammenarbeiten beziehungsweise netzwerken könntest.

Um neue Patienten zu gewinnen, könntest du zum Beispiel zu einer regelmäßigen Vortragsreihe in deine Praxis einladen. Hole dir dazu interessante Gastredner mit ins Boot. Informiere die örtliche Presse in einer Mitteilung darüber und empfehle dich damit auch hier als Fachmann auf deinem Gebiet. Veranstalte regelmäßig einen Tag der offenen Tür in deinen Praxisräumen und lade dazu passende Partner wie Apotheken oder Yoga-Studios aus deiner Gegend, oder ganz einfach auch deine Nachbarn ein.

Welche „analoge" Marketing-Grundausstattung benötigst du?

Vor der Eröffnung deiner Praxis solltest du dir ein ansprechendes Praxislogo gestalten lassen, das sich auch auf dem Praxisschild wiederfindet. Wenn du dich auf eine Behandlungsart spezialisiert hast, ist es auch von Vorteil, wenn auf dem Schild bereits deine wichtigste Kernkompetenz sichtbar wird, beispielsweise "Heilpraktikerin Hanna Mustermann - Hypnosetherapeutin". Sinnvoll sind auch Informationsbroschüren, die du in deiner Praxis oder bei Veranstaltungen auslegen kannst, bei denen du potenziellen Klienten begegnest. Last but not least empfiehlt sich - gerade für unterwegs - immer noch die klassische Visitenkarte.

Welche Online-Marketing-Maßnahmen wir dir als Heilpraktiker und Therapeut empfehlen

In Kapitel 5 haben wir ausführlich das Thema Praxis-Homepage behandelt. Du weißt, dass deine Website die unverzichtbare Grundlage für ein erfolgreiches Praxismarketing ist.

Folgende weitere Maßnahmen möchten wir dir gerne ans Herz legen:

1. Trage dich in lokale Web-Verzeichnisse ein

Trage dich sowohl in lokale als auch branchenrelevante Webkataloge ein. Dazu gibst du einfach einige Schlüsselbegriffe ein, und schaust, welche Branchenbücher du auf den ersten Seiten von Google findest.

Nachfolgend einige Beispiele für hochwertige Branchenbücher und Kataloge:

- yelp.de
- gelbeseiten.de
- dasoertliche.de
- web2.cylex.de
- branchenbuch.meinestadt.de

Meist reicht die kostenfreie Eintragsvariante. Beachte dabei, dass du in allen Branchenbüchern exakt die gleichen Angaben hinsichtlich des Firmennamens, der Adresse, Telefonnummer, URL etc. machst. Falls aber ein kurzer Text (zum Beispiel mit deiner Firmenvorstellung) gefragt ist, dann solltest du diesen bei jeder Eintragung variieren.

2. Richte ein Google MyBusiness-Profil ein und halte es aktuell

Unter den Firmeneinträgen kommt dem Google MyBusiness-Profil eine wichtige Bedeutung im Praxis-Marketing zu. Richte dir auf jeden Fall einen kostenlosen Account ein und fülle diesen so vollständig wie möglich aus. Adresse, Öffnungszeiten, Telefonnummer und Fotos sind dabei das Minimum an Informationen, die du nicht nur deinen Klienten, sondern auch den Suchmaschinen bieten solltest. Nutze außerdem die Möglichkeit, aktuelle Beiträge zu deiner Praxis zu posten. Tausche des Weiteren regelmäßig deine Bilder aus oder füge neue Fotos hinzu. Damit du beim Suchergebnis - zum Beispiel unter dem Stichwort "Heilpraktiker Hamburg" - auf den oberen Plätzen landest, ist es unter anderem wichtig, regelmäßig auf deinem Profil aktiv zu sein.

Menschen verlassen sich auf Bewertungen und Empfehlungen im Web. Diese sind deshalb ein wichtiges Mittel zur Patientengewinnung. Dein Google Unternehmensprofil zeigt die Anzahl deiner Bewertungs-Sterne und der Google-Rezensionen an. Je mehr positive Bewertungen deine Praxis hat, umso wahrscheinlicher entscheidet sich ein Patient, sie bei Beschwerden aufzusuchen.

Rezensionen - auch nicht positive - sind ein wertvolles Feedback-Instrumentarium. Lese deine Bewertungen regelmäßig und aufmerksam. Drücke dort deine Freude über ein Lob aus und reagiere höflich auf Kritik und stelle deine Sicht der Dinge da.

Dein Business-Konto ist zudem mit Google Maps verknüpft, so dass Interessierte sofort sehen, welche Praxis sich in ihrer Nähe befindet und damit schnell erreichbar ist.

Wenn du Tools wie Google MyBusiness, Google Ads (zu dem Thema kommen wir noch), Google Analytics oder Google Kalender nutzen möchtest, benötigst du einen kostenlosen Google-Account. Auch für die Einrichtung eines Youtube-Channels ist ein Google-Konto erforderlich.

Die Anmeldung geht unkompliziert und schnell. Google fragt nur einige wenige personenbezogene Daten wie Vorname und Nachname ab. Zudem kannst du eine Gmail-Adresse anlegen oder eine deiner aktuellen E-Mail-Adressen einpflegen. Darüber hinaus musst du ein Passwort aus mindesten acht Zeichen anlegen, das einen Mix aus Buchstaben, Ziffern und Symbolen enthält. Anschließend fragt Google nach, mit welchen Informationen du dein Konto wieder herstellen möchtest, solltest du einmal dein Passwort vergessen haben oder eine andere Person auf dein Google-Konto zugegriffen haben. Google empfiehlt hier die Angabe einer Telefonnummer oder einer weiteren E-Mail-Adresse, die du benutzt.

Da Google wirklich nützliche Tools für dich bereit hält, empfehlen wir dir, einen Account dort anzulegen.

3. Soziale Netzwerke – so kommunizierst du online mit deiner Zielgruppe

Wir betonen es immer wieder: Facebook, Instagram, Twitter und Co. sind keine Verkaufskanäle, sondern Plattformen, um mit bestehenden und potenziellen Klienten zu kommunizieren, indem du sie mit nützlichen und interessanten Beiträgen und Informationen versorgst. Im Gegenzug Feedback erhältst du wertvolles Feedback. So erfährst du, wo die User „der Schuh drückt" und kannst ihnen wertvolle Tipps geben, wie sie ihre Beschwerden lindern können, beispielsweise in Form eines Videos oder mit aussagekräftigen Grafiken. So präsentierst du dich einerseits als Experte in deinem Fachbereich. Andererseits gibst du deinen Klienten über Social Media die Möglichkeit, durch Likes und Kommentare oder durch das Teilen deiner Beiträge ihre Zufriedenheit mit deiner Behandlung auszudrücken und dich weiter zu empfehlen.

Keine Sorge, du musst nicht alle Social Networks bedienen. Entscheide dich für eines, auf dem du und deine mögliche Zielgruppe sich gerne aufhalten. Facebook als reichweitenstärkstes Netzwerk dürfte für den Anfang eine gute Wahl sein. Besonders beliebt sind dort derzeit Gruppen, die sich aufgrund gemeinsamer Interessen zusammenfinden und sich austauschen. Die sogenannte Fanpage verliert hingegen etwas an Bedeutung im Facebook-Algorithmus.

Vielleicht liegt dir Facebook nicht und du ziehst ein berufliches Netzwerk wie LinkedIn oder Xing vor. Eines gilt für alle Sozialen Medien: Es braucht Zeit, sich dort Reichweite und Beziehungen aufzubauen und es bedarf einer steten und nachhaltigen Kommunikation. Die Mühe lohnt sich jedoch: Denn mit gezielten Aktivitäten auf Social Media-Plattformen betreibst du gleichzeitig eine intensive Suchmaschinen-Optimierung und erhöhst mit den sogenannten Social Signals die Auffindbarkeit deiner Website. Denn mit jedem neuen Post und mit jeder positiven Reaktion darauf – sei es durch Klicken, Liken oder Teilen - sieht Google dich immer mehr als relevanten Experten. Damit erhöhst du deine Chance, in den Suchergebnissen ganz oben zu landen.

Tipp: Verlinke deine Website, deine E-Mail-Signatur und deinen Newsletter mit deinen Social Media- Profilen.

In Kapitel 7 werden wir detailliert auf die verschiedenen Social Media Plattformen eingehen und dabei auch berufliche Netzwerke wie Linkedin berücksichtigen.

4. Du musst nicht alles alleine machen

Du siehst, Online-Marketing bietet dir vielfältige Möglichkeiten zur Patientengewinnung und die Erfolge – in Form von steigenden Besucherzahlen, Followern und Reichweite – lassen sich in den digitalen Medien auch genau messen. So kannst du überprüfen, welche Marketing-Maßnahmen am meisten Wirkung gezeigt haben.

Zugegeben, das alles ist Arbeit nebenbei, denn dein Hauptaugenmerk liegt selbstverständlich auf dem Führen deiner Praxis. Deshalb solltest du dir überlegen, ob du dir nicht professionelle Unterstützung von einem Freelancer holst, beispielsweise für den Eintrag in Webverzeichnisse oder das Einrichten eines Google MyBusiness-Accounts.

6.5 WIE DU MIT ONLINEBEWERTUNGEN UND REZENSIONEN MEHR UMSATZ GENERIERST

Kundenrezensionen haben sich mittlerweile in allen Branchen etabliert. Ob Google-Bewertungen oder Rezensionen auf branchenspezifischen Portalen, wie jameda.de, tripadvisor oder bookatable.com – eine Studie von Bitkom besagt, dass 65 Prozent der User vor dem Kauf, einer Buchung oder der Inanspruchnahme einer Dienstleistung Onlinebewertungen lesen. 39 Prozent der Konsumenten vertrauen Angeboten ohne Bewertung deutlich weniger.

Wie funktioniert das beispielsweise bei Google? Angenommen, ein potenzieller Klient googelt „Heilpraktiker München Ramersdorf", werden ihm auf der ersten Seite der Suchergebnisse mehrere Möglichkeiten geboten. Nach der bezahlten Anzeige kann er sofort auf mehrere Bewertungsportale zugreifen, gleichzeitig werden ihm auf Google Maps Therapeuten in der Nähe sowie die Praxis mit den meisten positiven Bewertungen angezeigt. Dieses Beispiel verdeutlicht sehr anschaulich die positive Wirkung von Rezensionen. Denn entweder informiert sich der Suchende mit einem Blick auf dem Bewertungsportal jameda oder klickt direkt auf die Praxis mit den meisten Bewertungssternen und Kundenrezensionen, an die er sich höchstwahrscheinlich dann auch wenden wird. Unser kleines Google-Bespiel hat dir gezeigt, dass Onlinebewertungen eine gute Sache sind, um mehr Patienten zu gewinnen und damit deinen Umsatz zu steigern. Du würdest gerne gleich loslegen? Nachfolgend haben wir 5 Tipps für dich, wie du am besten vorgehst.

1. Verschaffe dir zunächst einen Überblick

Existiert deine Praxis schon länger, empfehlen wir dir, dir erst mal einen Überblick darüber zu verschaffen, was im Netz womöglich schon an Bewertungen zu finden ist. Google deinen Namen (oder den deiner Praxis) und ergänze die Suche mit dem Begriff "Erfahrungen". Du findest dabei nicht nur heraus, wie und was deine Klienten bewertet haben, sondern erfährst auch, auf welchen Portalen sie über dich sprechen.

Das Ärzte- und Heilpraktiker-Bewertungsportal jameda - aber auch Google - sammeln beispielsweise Business-Daten, die öffentlich zugänglich sind, also Adresse, Telefonnummer etc. Aus diesen Daten erstellt Google automatisch ein Business-Profil von dir (Google MyBusiness), auch jameda veröffentlicht deine Praxisdaten auf der Plattform und informiert dich über Bewertungen. In dem Moment, wo du für User auffindbar bist, können sie sofort Sterne vergeben oder eine Rezension über eine Behandlung bei dir verfassen. Möchtest du darauf reagieren, musst du bei Google dein Unternehmen bestätigen lassen. Bei jameda benötigst du hierfür einen kostenlosen Basiszugang

2. Biete deinen Klienten "kanalübergreifende" Bewertungsmöglichkeiten und bitte aktiv um Feedback

Mache es deinen Patienten so einfach wie möglich, eine Bewertung oder

Rezension abzugeben. Aktiviere beispielsweise die Bewertungsfunktion auf deiner Facebookseite oder integriere eine Feedbackfunktion auf deiner Website. Alternativ kannst du auch in Posts und Beiträgen auf dein Google MyBusiness Profil verlinken.

Bitte deine Klienten aktiv um Bewertungen und Rezensionen, sei es im persönlichen Gespräch, mit Posts auf Social Media oder in Blogbeiträgen und in deinen Newslettern. Dieses Feedback ist eine wahre Schatztruhe an Informationen für dich. Du und auch interessierte User erfahren, was deine Patienten besonders begeistert hat, wie wirkungsvoll sie dein Behandlungsangebot empfunden haben und vieles mehr. Zufriedene Patienten, die sich öffentlich und positiv im Netz äußern, sind die beste digitale Mundpropaganda für deine Praxis und können dir neue Klienten und damit mehr Umsatz bescheren.

3. Reagiere zeitnah auf Bewertungen und Rezensionen

Indem du zügig auf Bewertungen reagierst, zeigst du, wie wichtig dir die Meinung deiner Klienten ist. Das werden auch potenzielle Interessenten zu schätzen wissen, was dazu beitragen mag, dass sie sich für eine Behandlung bei dir entscheiden. Bedanke dich freundlich für Lob. Vielleicht hast du ja auch wichtige oder neue Informationen, die für die Rezensenten, aber auch für mögliche neue Patienten von Interesse sind. Fasse dich dabei eher kurz und antworte auf eine Bewertung nicht mit einem „Roman".

4. Keine Angst vor negativer Kritik

Leider ist nicht immer alles Friede, Freude, Eierkuchen. Es ist durchaus möglich, dass es auch enttäuschte Klienten gibt, die sich negativ äußern. Das kann viele Gründe haben, vielleicht hat einfach „die Chemie nicht gestimmt" oder die Erwartungen des Patienten wurden seiner Meinung nach nicht erfüllt. Öffentlich kritisiert zu werden, fühlt sich erst einmal nicht gut an. Dennoch kannst du auch kritischen Anmerkungen eine positive Wendung geben. Überlege dir zunächst, was in der Zusammenarbeit mit dem Klienten nicht optimal gelaufen sein könnte und entschuldige dich gegebenenfalls, sofern dir tatsächlich ein Fehler unterlaufen ist. Frage höflich nach, wenn du keine Idee dazu hast. Biete beispielsweise ein Telefonat an, um Näheres zu erfahren. Vielleicht hast du ja auch einen Lösungsvorschlag, den du einem unzufriedenen User unterbreiten kannst. Zeige auf jeden Fall, dass du auch eine negative Meinung ernst nimmst und professionell damit umgehen kannst. Die Art und Weise, wie du mit Kritik umgehst, kann dazu führen, dass künftige Patienten einen guten Eindruck von dir gewinnen und ein enttäuschter Klient seine Rezension im Nachhinein ändert.

Wichtig zu wissen: Wüste Beschimpfungen und Behauptungen, die nicht den Tatsachen entsprechen, musst du selbstverständlich nicht hinnehmen, sondern du kannst sie als unangemessen melden und möglicherweise damit erreichen, dass solche Bewertungen gelöscht werden.

5. Authentisch bleiben

Nahezu jedes Bewertungsportal bietet eine schnell zu erledigende Sternebewertung an, ohne dass ein User eine Rezension verfassen muss. Die Möglichkeit, mit einem Klick eine Bewertung abzugeben, ist nahezu verführerisch. Könnte man nicht den gesamten Familien- und Freundeskreis darum bitten, mal eben die 5 Sternchen auszuwählen, um eine super Bewertung zu erhalten?

Wir raten entschieden davon ab. Denn eine glatte 5-Sterne-Bewertung bei Google oder die Note 1,0 bei jameda erscheinen einfach nicht realistisch. Niemand kann zu 100 Prozent allen Erwartungen gerecht werden und das wirkt auch auf potenzielle Klienten wie „zu schön, um wahr zu sein". Es wird immer den ein oder anderen Patienten geben, bei dem deine Behandlung vielleicht nicht den gewünschten Erfolg hat.

6.6 WIE DU MIT GOOGLE ADS ERFOLGREICH WIRBST

Wer mit seiner Praxis als Therapeut beziehungsweise als Heilpraktiker erfolgreich sein möchte, kommt um Google Ads nicht herum. Die meist auf den Google Suchseiten platzierten kleinen Anzeigen können den Erfolg deiner Praxis deutlich erhöhen und dafür sorgen, dass aus interessierten Besuchern Patienten werden.

Doch was genau sind Google Ads? Google Ads ist ein Werbe-Dienst des Suchmaschinenbetreibers Google. Mit seiner Hilfe können Werbetreibende für ihre Praxis Anzeigen schalten, die im oberen und unteren Teil der Google-Suchergebnisse angezeigt werden und an dem Hinweis „Anzeige" erkennbar sind. Ihr Hauptbestandteil sind bestimmte Keywords (Schlüsselwörter). Daher bezeichnet man diese Form der Werbung auch als Keyword-Advertising. Die von dir festgelegten Keywords bestimmen, von welcher Zielgruppe deine Anzeigen gefunden werden soll. Klickt der Suchende auf den Anzeigentext, wird er auf deine Praxis-Website geleitet und kann dort sofort einen Termin über deinen Online-Kalender vereinbaren. Auf welchem Platz die Anzeige letztlich erscheint, entscheidet Google. Google Textanzeigen haben zwei Zeilen als Überschrift mit je maximal 30 Zeichen. Die Beschreibung selbst ist auf 80 Zeichen begrenzt.

Ein weiterer Vorteil von Google Ads ist die schnelle Auffindbarkeit, da sie gut sichtbar auf den Suchseiten platziert sind. Wenn du Google Ads über einen längeren Zeitraum schaltest und deine Anzeigen viele Besucher erhalten, wirst du dafür mit einem niedrigeren Klickpreis belohnt.

Während deiner Werbekampagne auf Google hast du stets die Kontrolle über das von dir eingesetzte Budget und du kannst auch mithilfe von Google Analytics Keyword-Optimierungen vornehmen. Du kannst die Marketingaktion auf Google jederzeit ausbauen, indem du deine Anzeige im Google- Werbenetzwerk schaltest.

Du fragst jetzt sicher: „Und was kostet mich der Spaß?" Google Anzeigen werden meist nach dem Cost-per-Click (CPC)-Verfahren abgerechnet. Du bestimmst, wie viel der Klick auf deine Anzeige maximal kosten darf und legst für jeden Tag ein bestimmtes Werbebudget fest. Im Normalfall kostet der Klick nur einige Cent pro Keyword. Der tatsächlich von dir zu bezahlende Betrag pro Klick liegt meist unter dem Höchstgebot. Klicks durch Robots und ungültige Klicks werden nicht in Rechnung gestellt. Möchtest du mehr Besucher für deine Praxis-Landingpage interessieren, ist das CPC-Verfahren optimal.

Wie erstellst du eine Google-Anzeige? Zunächst einmal hast du über deinen Google Account (siehe Abschnitt 4) Zugriff auf alle wichtigen Tools, die du dafür benötigst. Des Weiteren hängt es in erster Linie von dir und dem Budget ab, das du bereit bist, auszugeben. In einem ersten Schritt legst du fest, welches Ziel deine Anzeigen-Kampagne haben soll. Danach richtest du dir einen Google Analytics- Account ein, um deinen Werbeerfolg regelmäßig zu überprüfen und zu verbessern. Die passenden Keywords findest du mithilfe des Google Keyword Planners. Er zeigt dir, nach welchen Keywords am häufigsten gesucht wird und listet dir ähnliche Schlüsselwörter auf.

Anschließend richtest du dir ein Google Ads-Konto ein und wählst die Art der Anzeigen. Danach geht es an die inhaltliche und optische Gestaltung deiner Anzeige und deiner Landing-Page. Anschließend bindest du das Google Conversion Tracking Tool ein, um später deine Conversion Rate bestimmen zu können. Die Keyword-Optionen, die dir das System anbietet, gelten nur für Anzeigen in den Suchseiten. Du hast dabei die Wahl zwischen Keywords, die weitgehend passend (Standard-Option), genau passend oder passende Wortgruppen sind. Außerdem kannst du bestimmte Keywords ausschließen.

Das klingt komplizierter als es ist. Hole dir zu Beginn Unterstützung, vielleicht von einem Kollegen, der im Umgang mit Googles Ads schon versiert ist.

Häufige Fehler bei der Google Ads-Nutzung

- Die Ziele der Werbekampagne sind nicht genau genug definiert: Beschränke dich als Neuling bei Google Ads am besten zuerst nur auf die Suchseiten.

- Die gewählten Keywords sind zu allgemein: Verwende keinesfalls nur weitgehend passende, sondern auch ausschließende Schlüsselwörter. Setze unbedingt noch genau passende Wortgruppen ein. Füge den Stadtnamen und die Zielgruppe (Männer, Frauen) hinzu.

- Fehlendes Monitoring der Kampagne: Kontrolliere täglich, welche Keywords die meisten Klicks und Conversions erzielen und schließe selten Gesuchtes sofort aus. Mithilfe eines vollautomatischen Tools lassen sich der Gebotspreis und die Keywords mehrmals täglich optimieren. So nutzt du deinen Werbeetat bestmöglich und erhältst mehr Conversions.

- Gestalte deine Anzeige übersichtlich und versuche, mit deiner Formulierung Neugier zu wecken und dich von den Anzeigen der Mitanbieter abzuheben.

- Richte deine Google Ads inhaltlich möglichst genau auf die verwendeten Keywords aus. Wenn also ein Interessent deine Dienstleistung als Therapeut bzw. Heilpraktiker sucht, sollte auch der Anzeigentext für die Zielgruppe geschrieben sein.

- Achte auf eine korrekte Verlinkung. Links, die im Anzeigentext platziert sind, aber nicht auf die Praxis-Landingpage leiten, beschädigen das Vertrauen des Suchenden. Überprüfe unbedingt vor der Abgabe der Anzeige, ob der Klick auf den Link zum Zielort führt.

- Achte darauf, dass Anzeigentext und der Text deiner Praxis-Landingpage inhaltlich aufeinander abgestimmt sind und beide in den Kernaussagen übereinstimmen, ohne dieselbe Formulierung zu wählen.

- Die Google Ads-Anzeige lässt sich nicht auf mobilen Endgeräten darstellen: Da viele Verbraucher heute über Smartphone bestellen, solltest du deine Anzeigen unbedingt an das Mobilgerät-Format anpassen.

- Anzeigen-Erweiterungen machen deine Google-Anzeige noch attraktiver, informativer und auffälliger. Erweiterte Anzeigen nehmen mehr Platz ein und werden daher auch öfter wahrgenommen. Die Wahrscheinlichkeit, dass der Suchende sie anklickt, ist deutlich höher als bei normalen Ads-Anzeigen, und das obwohl sie keine Mehrkosten verursachen. Welche Erweiterung für deine Zwecke geeignet ist, hängt von der Zielsetzung deiner Werbekampagne und dem Gerätetyp ab. Du kannst deine Telefonnummer und/oder Praxis-Öffnungszeiten hinzufügen, sodass der Interessent dich sofort kontaktieren kann. Außerdem lassen sich Bewertungen, weitere Sitelinks, Angaben zum Standort (Geschäftsadresse, Entfernung zum Unternehmen, Karte) und zusätzliche Informationen in der Anzeige hinterlegen. Alle Erweiterungen können unkompliziert mit dem Google Ads-Editor erstellt werden. Verbesserst du die Qualität deiner Anzeigen, blendet Google sie standardmäßig ein.

6.7 WIE DU WERBUNG MIT FACEBOOK-ADS EFFEKTIV NUTZEN KANNST

Du möchtest den Patientenkreis deiner bestehenden Praxis in deiner Region vergrößern? Dann sind Werbeanzeigen auf Facebook, die sogenannten Facebook Ads, eine schnelle und unkomplizierte Lösung. Du kannst sie bequem und vor allem schnell vom PC, Smartphone oder Tablet aus erstellen und wertvolle Zeit für andere wichtige Tätigkeiten sparen.

Facebook Ads werden von unzähligen Unternehmen genutzt und sprechen täglich Millionen von Kunden in allen Ländern und Altersklassen an. Die Erstellung der Ads ist einfacher als du denkst, denn Facebook hat eine übersichtliche Oberfläche zur Verwaltung der Werbeanzeigen entwickelt. Nachfolgend zeigen wir dir auf, welche Vorteile dir Facebook Ads bringen, und wie du sie für deine Praxis optimal nutzen kannst.

Ein riesiger Vorteil von Facebook Ads ist zunächst die Möglichkeit, deine Zielgruppe bis ins kleinste Detail zu definieren. Durch die Eingabe der Pflichtdaten bei der Anmeldung besitzt Facebook Informationen über jeden Nutzer. Diese Daten nutzt die Plattform gezielt beim Ausspielen der Ads. Damit bist du in der Lage, die Zielgruppe etwa auf eine bestimmte Region oder Altersgruppe einzugrenzen (z.B. 10 km um Frankfurt, Frauen ab 40, Männer zwischen 18 und 30). Natürlich kannst du noch viele andere Filter anwenden, wie zum Beispiel die Interessen deiner Zielgruppe. Du als Therapeut und Heilpraktiker möchtest bestimmt Personen ansprechen, die sich für das Thema „Gesundheit“ oder verwandte Themen interessieren.

Hier die Vor- und Nachteile im Überblick:

+ Ads werden sehr schnell geschaltet (wichtig z.B. bei aktuellen Ereignissen)

+ Anzeigen sind unkompliziert erstellt und geändert

+ optimal geeignet für regionale Praxen

+ Nutzung von Text, Links, Bildern und Videos möglich

+ Facebook bietet eine riesige potenzielle Nutzergruppe

- nicht alle Nutzer sind potenzielle Interessenten

- Fehleinstellungen der Zielgruppe möglich

Welche Ziele kannst du mit einer Facebook Werbeanzeige verfolgen?

Du kannst mit verschiedenen Einstellungen beeinflussen, welche Personen deine Anzeige zu sehen bekommen. Besonders wichtig ist dabei die Wahl des

Ziels, damit die Anzeige dem passenden Kundenkreis angezeigt werden kann.

Mögliche Ziele von Facebook Ads sind:

- Verkäufe: Zeige deine Anzeige vorwiegend Personen, die am wahrscheinlichsten dazu bereit sind, deine Produkte online zu kaufen. Dieses Ziel bietet sich zum Beispiel zum Bewerben deines Onlineshops an.

- Besuche vor Ort: Wähle dieses Ziel, wenn du die Zielgruppe dazu animieren möchtest, dein Unternehmen beziehungsweise deine Praxis zu besuchen. Baue Kontakte auf und binde die Kunden durch deinen persönlichen Service.

- Markenbekanntheit: Zeige deine Anzeige den Menschen, die das Produkt bewusst wahrnehmen und sich tiefgehender dafür interessieren.

- Reichweite: Erreiche mit der Anzeige möglichst viele Personen innerhalb der gewählten Zielgruppe.

- App-Installation: Binde einen Link zum App-Store oder Play-Store ein und animiere die Kunden dazu, eine App zu installieren.

- Traffic: Leite Besucher auf deine Seite. Dort steigt die Chance, dass sie dein Unternehmen kontaktieren, Beiträge kommentieren oder andere Handlungen ausführen.

- Leadgenerierung: Animiere die Nutzer dazu, sich zum Beispiel für einen Newsletter oder für weitere Informationen zum Produkt zu registrieren. So kommst du an wichtige Daten, mit denen du später Kontakt zu den Kunden aufbauen kannst.

- Messaging: Ziele auf persönliche Unterhaltungen mit deinen Kunden über den Messenger ab. Während des Gesprächs kannst du Fragen beantworten, Interesse wecken und Kontaktdaten erfragen.

- Interaktion: Mit diesem Ziel zeigst du die Anzeige überwiegend Personen, die mit hoher Wahrscheinlichkeit mit dem Beitrag oder der Seite interagieren. Erziele mit diesem Ziel mehr Klicks, Likes, Shares und Comments.

- Videoaufrufe: Zeige dein Video Personen, die es länger ansehen, um mehr vom Inhalt Deiner Anzeige zu erfahren.

Was kosten Facebook Ads?

Die Kosten für Facebook Ads richten sich nach der Anzahl der erreichten Personen. Du bestimmst bei der Erstellung deiner Werbeanzeige, wie häufig die Anzeige geschaltet werden soll. Facebook berechnet dir jede Anzeige, die einem Nutzer angezeigt wird. Kosten entstehen somit nur, wenn die Anzeigen tatsächlich geschaltet werden. Du zahlst keine Grundgebühr oder Pauschale bei der Nutzung von Facebook Ads und kannst die Anzeigen jederzeit pausieren.

Deine maximalen Ausgaben für alle Werbeanzeigen kannst du über ein einstellbares Budget kontrollieren. Bei Erreichen des Budgets werden keine Anzeigen mehr geschaltet und damit fallen keine weiteren Kosten an. Du erhältst in diesem Fall eine Benachrichtigung und entscheidest selbst, wie du weiter verfahren möchtest: Pausiere deine Werbeanzeigen oder gib mehr Budget frei.

Wo kannst du Facebook-Anzeigen schalten?

Es gibt verschiedene Möglichkeiten, wo du deine Ads platzieren kannst:

- Facebook

- Messenger

- Instagram

- Audience Network

Facebook Ads werden im News Feed der Zielgruppe angezeigt und Messenger Ads erscheinen im Chatfenster. Instagram Ads werden den Millionen Nutzern der verwandten Plattform Instagram präsentiert. Ads im Audience Network werden auf Partnerseiten geschaltet, die mit Facebook kooperieren. Diese Variante ist am effektivsten, da Benutzer auf eine Anzeige häufiger reagieren, wenn sie diese an unterschiedlichen Orten wiedererkennen.

Was ist der Werbeanzeigenmanager?

Facebook hat für die vereinfachte Erstellung von Werbeanzeigen den Werbeanzeigenmanager entwickelt. Du kannst ihn von einem Computer aus nutzen, indem du dich in dein Facebook-Konto einloggst oder für dein mobiles Gerät downloaden. Die App ist für nahezu alle Android- und IOS-Geräte verfügbar.

Der Werbeanzeigenmanager unterstützt dich mit einer übersichtlichen und benutzerfreundlichen Oberfläche. Du kannst sämtliche der oben beschriebenen Features nutzen und deine Zielgruppe konfigurieren. Auch bereits laufende Anzeigen lassen sich unkompliziert anpassen. Der Werbeanzeigenmanager ist damit dein Tool, wenn Du schnell und einfach ansprechende Ads auf Facebook und den damit verbundenen Kooperationspartnern platzieren möchtest.

Du siehst, Facebook Ads sind ein sehr effektives Mittel, um mehr Klienten zu generieren.

6.8 WAS KANNST DU TUN, DAMIT DEIN PATIENTENSTROM NICHT ABREISST?

In Gesprächen mit Heilpraktikern und Therapeuten hören wir immer wieder, dass zur Weihnachts- oder Urlaubszeit in ihren Praxen Flaute herrscht. An dieser Stelle wollen wir dir ein paar Tipps an die Hand geben, wie du dem vorbauen kannst.

Zunächst möchten wir ganz kurz auf negative Glaubenssätze eingehen, die du eventuell hinterfragen solltest.

Gehst du von vornherein und wie selbstverständlich davon aus, dass über die Feiertage und in den Sommerferien „eh nichts los ist"? Dass es Zeiten mit geringen Einnahmen nun mal gibt und du da einfach „durch musst".

Wir denken da ähnlich wie ein Kollege von Sandra, der ihr einen wichtigen Rat mit auf den Weg gab: „Wenn du so richtig Geld verdienen willst, sperre an Weihnachten deine Praxis auf. Da gibt es so viele Familienkrisen. Auch im Sommer gibt es genügend Menschen, denen es nicht gut geht, die nicht wegfahren und froh über freie Therapieplätze sind."

Aber was kannst du konkret tun, um mögliche Interessenten auf dich aufmerksam zu machen

Versuche, durch geschickte Marketing- und Sichtbarkeitsstrategien so präsent zu sein, dass du einen kontinuierlichen Strom an Anfragen generierst. Sei auf Social Media aktiv, halte Vorträge und besuche Fach- und Netzwerkveranstaltungen. Bitte deine Klienten aktiv darum, dich weiter zu empfehlen.

Überlege dir im Vorfeld, welche Aktionen du in der Vorweihnachtszeit oder im Sommer starten kannst. Welche Themen beschäftigen die Menschen in dieser Zeit? Biete statt Sitzungen Workshops dazu an, beispielsweise „Stressreduktion" oder „Mit Yoga entspannt durch die Feiertage". Auch ein Achtsamkeitsseminar würde garantiert eine Menge Menschen interessieren. Im Sommer könntest du beispielsweise Workshops zu den Themen „Wie ernähre ich mich an Hitzetagen?" oder einen homöopathischen Erste-Hilfe-Kurs für Familien zum Thema „Was tun bei Insektenstichen, Hitzeerschöpfung oder Reise-Übelkeit" veranstalten.

Um kontinuierliche Einnahmen zu erhalten, könntest du deinen Klienten auch anbieten, Behandlungspakete nicht auf einmal, sondern beispielsweise auf drei Monate verteilt zu bezahlen.

Du siehst, mit etwas Initiative und Fantasie können sich sogenannte Flaute-Zeiten bewältigen lassen.

6.9. WAS DU ÜBER VERKAUFSPSYCHOLOGIE WISSEN SOLLTEST

Die wichtigste Botschaft zum Thema Verkaufspsychologie ist für uns folgende:

Du bist Unternehmer und musst deine Leistungen verkaufen. Denn du führst nicht nur eine Praxis, sondern auch ein Unternehmen, das sich wirtschaftlich tragen muss, damit du von deiner Arbeit leben kannst. In Heilberufen existiert dieses Mindset leider noch zu wenig, denn viele Heilpraktiker und Therapeuten bringen das Thema Verkaufen nicht mit einer helfenden Tätigkeit in Verbindung, es bereitet ihnen sogar regelrecht Bauchschmerzen.

Vielen wäre es am liebsten, die Klienten kämen „einfach so" in die Praxis, wären einfach nur glücklich mit der Behandlung und würden dann liebend gerne und anstandslos das vereinbarte Honorar bezahlen. Mit dieser Haltung wirst du sicher den einen oder anderen Klienten finden. Es besteht jedoch die Gefahr, dass deine Praxis so nie richtig ins Laufen kommt. Deshalb solltest du dir hier deine Blockaden und Ängste beim Thema „Verkaufen“ genau anschauen und dir eventuell Hilfe holen.

Denn letztlich ist es auch im alternativen Heilwesen so: Menschen kaufen Menschen. Klienten kaufen nicht nur deine Leistung, sondern auch dich. Dein Auftreten, deine Kompetenz und deine Persönlichkeit.

Die Verkaufspsychologie kann dir hier eine wertvolle Unterstützung bieten. Wenn du dich ein wenig damit beschäftigst, lernst du, welche Kunden-/Klienten-Typen es gibt und wie du mit ihnen umgehst.

Eine große Hilfe sind dabei die vier Verhaltensstile nach dem DISG-Modell. Es geht zurück auf die Psychologen C.G. Jung und William Marston, die sich in den 20er Jahren des 20. Jahrhunderts mit der Frage beschäftigten, warum sich Menschen in bestimmten Situationen immer gleich verhalten. Die Gründe dafür liegen in der Erziehung und in unserer Sozialisation. Wir haben gelernt, dass sich ein bestimmtes Verhalten in einer bestimmten Situation bewährt hat.

Allerdings verhalten wir Menschen uns - auch als Kunden - auf unterschiedliche Art immer gleich. Das DISG Modell hat vier Kundentypen identifiziert. Dabei steht

- **D** für den dominanten Typus (extrovertiert + ziel- und aufgabenorientiert)
- **I** für den initiativen Typus (extrovertiert + menschenorientiert)
- **S** für den stetigen Typus (introvertiert + menschenorientiert) und
- **G** für den gewissenhaften Typus (introvertiert + ziel- und aufgabenorientiert.

Welches Verhalten zeichnet die einzelnen Typen als Kunden beziehungsweise Klienten aus und wie begegnest du ihnen am besten?

Der dominante Typus

Dieser Typus mit autoritären Zügen ist eindeutig der Chef. Bei ihm solltest du schnell auf den Punkt kommen, ohne lange um den heißen Brei herumzureden. Gib ihm das Gefühl, dass er es ist, der das Gespräch führt. Stelle ihm gezielte Fragen und mache ihm ganz klar, was sein Gewinn ist, wenn er eine Therapie bei dir macht und warum sich sein „Investment in dich" rechnet.

Da der dominante Typ schnell und spontan eine Entscheidung fällt, aber auch gerne die Wahl hat, biete ihm am besten drei Behandlungspakete an und frage ihn, für welches Paket er sich JETZT entscheiden möchte. Keine Sorge, dieser Typus kann damit umgehen.

Der initiative Typus

Der initiative Kunde liebt ein ausführliches Warm-up beziehungsweise Anamnesegespräch. Er ist redefreudig und emotional, dabei manchmal etwas sprunghaft. Oft ist das Geschäft nur noch Nebensache, wenn die persönliche Ebene stimmt. Stelle dich bei diesem Typ auf ausschweifende Antworten ein. Hilf ihm, sich zu fokussieren und bringe das Problem für ihn auf den Punkt. Fasse das Gespräch immer wieder kurz zusammen, damit er die Orientierung nicht verliert. Details interessieren diesen Typus nur am Rande. Er möchte einfach eine gute Zeit haben, auch in der Therapie.

Da er sich gerne verzettelt, mache ihm genau ein Angebot und zeige ihm auf, welche persönlichen Vorteile er hat und wie er sich anderen gegenüber profilieren kann, wenn er es annimmt

Der stetige Typus

Der stetige Kunde ist taktvoll und ausgeglichen. Er möchte allerdings bereits in der Begrüßungsphase Gemeinsamkeiten mit dir finden und freut sich über dieselben Urlaubsziele oder denselben Musikgeschmack. Dieser Typus wird nicht gerne mit direkten Fragen konfrontiert. Verpacke und verschnörkle also deine Fragen ein wenig und formuliere sie weich. Ganz wichtig ist ihm, dass er jederzeit weiß, wo ihr euch auf eurer therapeutischen Reise gerade befindet und in welche Richtung es weitergeht.

Wenn du diesem Kundentyp ein Angebot machst, wird er sich garantiert eine Bedenkzeit ausbitten. Gewähre sie ihm und lasse ihn eine Nacht darüber schlafen. Ganz glücklich ist er, wenn du ihn auf zufriedene Klienten hinweisen kannst, die eine Empfehlung auf deiner Website hinterlassen haben. Wichtig ist ihm auch deine persönliche Begleitung. Gib ihm deine Handynummer für „Notfälle" oder schicke ihm eine Karte zum Geburtstag. Das wird er sehr zu schätzen wissen.

Der gewissenhafte Typus

Der gewissenhafte Kunde ist ein Freund von Zahlen, Daten und Fakten. Er erwartet im Erstgespräch nur ein kurzes Warm-up. Ihm ist es wichtig zu sehen, dass du dich entsprechend gut auf den Termin mit ihm vorbereitet hast und ihm Excel-Tabellen, Studien- und Forschungsergebnisse lieferst. Der gewissenhafte Typus wird deine Fragen detailliert beantworten, wird dir im Gegenzug aber Fragen stellen, auf die er ebenso detaillierte Antworten erwartet, die von deiner Fachkundigkeit zeugen.

Auch dieser Typus will Bedenkzeit haben, aber nur, um dein Angebot auf Herz und Nieren zu prüfen. Sorge dafür, dass es hieb- und stichfest ist und versprich ihm nichts, was du nicht halten kannst.

Über Verkaufspsychologie gäbe es noch viel zu sagen. Wichtig war uns, dir einen ersten Überblick zu geben.

6.10 WIE DU IM GESPRÄCH ÜBERZEUGST

Im vorgehenden Abschnitt haben wir uns mit ein paar Grundlagen der Verkaufspsychologie beschäftigt. Hier wollen wir dir nun weitere Tipps geben, wie du im Gespräch überzeugst und neue Klienten gewinnst.

1. Der beste Einstieg – biete ein kostenloses Kennenlern-Gespräch an

Nehmen wir an, eine potenzieller Klient bucht einen Termin bei dir. Das Erstgespräch – meist eine ausführliche Anamnese – kostet selbstverständlich Geld. Genau das lässt den Patienten womöglich zögern, weil er sich beispielsweise noch unsicher ist, ob dein Heilverfahren bei seinem Problem wirklich wirkt. Würde ihm die Entscheidung für eine Behandlung bei dir nicht leichter fallen, wenn er sich erst einmal in einem kostenlosen Kennenlern-Gespräch über dich und dein Therapieangebot informieren könnte?

Ein Kennenlern-Gespräch zum Nulltarif bringt noch weitere Vorteile:

- Du erfährst im Gespräch, welches Problem dein Gegenüber bedrückt und bist in der Lage, ihm schon vorab darzulegen, wie dein Behandlungsangebot – etwa seinen Wunsch nach Schmerzfreiheit – erfüllen kann.

- Der potenzielle Klient geht mit allen wichtigen Informationen nach Hause und kann anschließend in Ruhe entscheiden, ob er sich auf die Behandlung (und dich) einlassen möchte.

- Beide Seiten gewinnen einen ersten Eindruck voneinander, der bereits Aufschluss darüber geben kann, ob eine vertrauensvolle Zusammenarbeit möglich ist.

- Im besten Fall nimmt der künftige Klient in diesem Kennenlern-Gespräch schon einen wertvollen Tipp oder zum Beispiel eine Atem-Übung von dir mit nach Hause, die ihm bereits weiterhilft.

2. Lass dein Gegenüber ausreden

Eigentlich eine Selbstverständlichkeit, aber manchmal verspüren wir den Impuls, unseren Gesprächspartner zu unterbrechen, etwa weil wir eine hilfreiche Information sofort weitergeben möchten.

3. Signalisiere, dass du zuhörst

Gib deinem potenziellen Klienten – zum Beispiel durch Nicken oder andere Gesten – das Gefühl, dass du ihm aktiv zuhörst und ihn auch verstehst.

4. Fasse die wichtigsten Aussagen kurz zusammen

Wenn du das Gesagte noch einmal kurz zusammenfasst, kannst du dich vergewissern, dass du dein Gegenüber auch richtig verstanden hast. Dein Klient fühlt sich dadurch wiederum von dir verstanden.

5. Vermeide Negativfragen und Floskeln

„Sie haben sich also bislang noch nicht um Hilfe bemüht?" „Beruhigen Sie sich erst mal." Solche Fragen und Standardsätze dienen nicht dazu, Vertrauen aufzubauen, denn dein Gesprächspartner könnte das im schlimmsten Fall als Angriff gegen sich werten.

6. Erkläre Fachbegriffe - verwende Bilder und Analogien

Halte dir vor Augen, dass dein potenzieller Patient ein Laie ist. Zwar möchte er umfassend informiert, jedoch nicht durch die Verwendung von zu vielen Fachbegriffen verwirrt werden. Bedenke, dass viele Menschen auch Hemmungen haben, nachzufragen. Am besten, du verwendest beim Erklären von Fachtermini Bilder oder Analogien aus dem täglichen Leben.

7. Binde mögliche Einwände aktiv ein

„Ja, aber ich habe zu wenig Zeit?" Dieser Einwand fällt im Gespräch häufig. Du könntest ihn beispielsweise wie folgt einbinden: „Meine Klienten sind beruflich und privat oft sehr eingespannt. Deshalb ist es mir wichtig, ihnen ein lösungsorientiertes Kurzzeitverfahren anzubieten."

8. Last but not least - sei du selbst

Ein Grund dafür, dass du den Beruf des Heilpraktikers oder Therapeuten ergriffen hast, ist das Bedürfnis, andere Menschen bei ihrem Genesungsprozess zu unterstützen und ihnen hilfreich und mit viel Empathie zur Seite zu stehen. Diese innere Haltung strahlst du mit Sicherheit auf deinen Gesprächspartner aus. Sie ist das Herzstück eines jeden erfolgreichen Klientengesprächs.

6.11 TOP VORBEREITET - DER ELEVATOR PITCH

Manchmal bleibt nur sehr wenig Zeit, dein Gegenüber von dir und deiner Expertise zu überzeugen. Für diese Fälle ist der sogenannte „Elevator Pitch" ein nahezu unschlagbares Marketing-Tool. Nachfolgend erfährst du mehr dazu.

1. Was ist überhaupt ein Elevator Pitch?

Der Elevator Pitch (auch als Elevator Speech oder Statement bezeichnet) gründet auf der Vorstellung, für die Dauer einer Aufzugsfahrt (zwischen 30 Sekunden und 2 Minuten) einer wichtigen Person beziehungsweise einem Entscheidungsträger deine (Geschäfts-)Idee oder dein Vorhaben kompakt zu umreißen. Kernpunkte dieser Blitz-Präsentation sind:

- Kurzvorstellung
- Begeisterung für das Projekt wecken
- Abschluss tätigen (bzw. Auftrag an Land ziehen)

Sollte das mit dem Abschluss noch nicht gleich klappen, folgt auf deine gelungene Blitz-Präsentation hoffentlich bald ein weiterführendes Gespräch beziehungsweise eine Verabredung hierzu. Auch das ist ein schöner Erfolg für dich, der dich deinem Ziel näher bringt.

Der Elevator Pitch erfreut sich noch immer großer Beliebtheit. Von der ursprünglichen Idee losgelöst, werden die Kurzpräsentationen nicht mehr (nur) im Aufzug vorgetragen. Du kannst ihn in den verschiedensten Situationen dafür nutzen, Gesprächspartner von dir beziehungsweise deiner Idee zu begeistern – und im günstigsten Fall zu überzeugen.

Wie kannst du den Elevator Pitch für deine Praxis bzw. deine Situation nutzen?

Wichtig ist, dass du ein Gefühl dafür bekommst, wie man es schafft, das eigene Angebot in wenige Sätze zu packen. Ziel ist zum einen, dass der Elevator Pitch jedem eine Vorstellung davon vermittelt, was du beruflich machst. Zum anderen soll er beim Gegenüber mindestens ein oder zwei Schlüsselbegriffe platzieren, die sich dieser merkt. Damit hast du dann perfekte Anknüpfungspunkte für die spätere Kontaktaufnahme.

1. Was hat der Elevator Pitch für Vorteile – wo wird er eingesetzt?

Mit der Methode soll die Aufmerksamkeit des Gegenübers beziehungsweise des Gesprächspartners geweckt werden. Dabei ergeben sich die folgenden

Einsatzmöglichkeiten:

- Unterstützung erbitten
- Entscheidungen herbeiführen
- Verbesserungsvorschläge vorstellen
- Projektideen präsentieren
- Eigenes Unternehmen vorstellen

Weitere Vorteile des Elevator Pitches:

- Die Neugier für dein Anliegen wird geweckt.
- Du als Ersteller des Elevator Pitches wirst gezwungen, den Nutzen deiner Idee für die Zielgruppe herauszuarbeiten.
- Du formulierst deine Botschaft kurz und knapp.

Bei welchen Gelegenheiten der Elevator Pitch zum Einsatz kommen kann:

In der Arbeitswelt siehst du dich immer wieder mit den typischen Fragen nach dem Beruf, nach der eigenen Geschäftsidee oder nach dem Beweggrund für eine Bewerbung auf eine bestimmte Position konfrontiert. Leicht kannst du dich hier im Rekapitulieren der letzten 10 Arbeitsjahre verlieren.

Eine andere Möglichkeit bietet hier der Elevator Pitch: In nur 60 Sekunden kannst du es schaffen, dich selbst, deine berufliche Vision oder schlicht deine Verbesserungsidee für eine bestehenden Geschäfts- oder Teambeziehung vortragen. Handelt es sich um einen Erstkontakt, zum Beispiel bei einer Bewerbung oder einem Messetreffen, hast du mit einer vorbereiteten Elevator Speech gegenüber deinen Mitbewerbern einen erheblichen Vorteil.

Anwendung findet der Elevator Pitch auch häufig im Rahmen von Projekt-Meetings, in denen es wichtig ist, deine Ideen schnell auf den Punkt zu bringen und präzise zu formulieren. Zu diesen Situationen gehören folgende:

- Messen
- Telefonate
- Vorstellungsgespräche
- Referate
- Netzwerktreffen (Berufsverbände, Geschäftsnetzwerke oder Alumni-Gruppen)
- Zufallskontakte

Es gibt sicher noch andere Einsatzgebiete des Elevator Pitches, auch in Situationen, in denen du es vielleicht nicht auf Anhieb vermuten würdest. Und gerade aus diesem Grund ist es einfach gut, vorbereitet zu sein, um bei Bedarf die Botschaft abrufen zu können.

1. Aufbau des Pitches – worauf musst du achten?

Es empfiehlt sich, beim Aufbau des Elevator Pitches minimalistisch aber gezielt vorzugehen: Die Aufmerksamkeit soll auf das Wesentliche gelenkt werden. Das erreichst du am besten, wenn du dich auf die Highlights beschränkst. Folgendes Schema hat sich bewährt:

- Angebot
  Was bietest du deinem Gegenüber?
  Was kannst du für ihn tun und auf welchen Erfahrungsschatz kannst du dabei zurückgreifen?

- Interesse
  Womit gelingt es dir, dein Angebot für den Kunden oder Chef in spe interessant zu machen?

- Nutzen
  Welche Vorteile bietest du?
  Was ist speziell an deinem Angebot?
  Was gewinnt dein Kunde oder künftiger Klient, wenn er dein Angebot

annimmt und nicht das eines Mitbewerbers?

- Motivation
  Was bringt dich dazu, ausgerechnet ihm dieses Angebot zu machen?

- Was ist der Reiz für dich, wenn du für ihn arbeiten könntest?

- Appell
  Was wünschst du dir von deinem Gesprächspartner? Sag ihm ganz klar, was er aus deiner Sicht tun soll.

Die nachfolgenden 10 Tipps fassen zusammen, worauf du bei der Vorbereitung deines Elevator Pitches achten solltest:

1. Einstieg soll Neugier wecken und schlagkräftig sein

2. Inhalt auf das Wesentliche komprimieren (1–2 Sätze)

3. Besonderheit des eigenen Angebots herausstellen

4. Vorbereitung auf den Gesprächspartner/die Zielgruppe (Was ist für ihn/sie wichtig?)

5. Verständliche Darstellung

6. Begeisterung hervorrufen

7. Authentisch bleiben

8. Monolog vermeiden – Reaktionsmöglichkeit bieten

9. Klarer Handlungsaufruf als Abschluss (Was wäre für dein Gegenüber der nächste Schritt?)

10. Kontakt halten (Wann wäre ein weiteres Gespräch möglich?)

1. Zwei Beispiele für einen Elevator Pitch

„Hallo, ich heiße Susanne L. und ich bin so etwas wie ein emotionaler Schlüsseldienst.

Ich biete Hilfe für Menschen, die sich emotional ausgeschlossen haben oder sich innerlich eingesperrt fühlen – und daher nicht mehr wissen, wo ihnen der Kopf steht.

Als Heilpraktikerin für Psychotherapie verwende ich natürlich keine Scheckkarte zum Öffnen Ihrer inneren Türen! Ich nütze Ihren Arm für den kinesiologischen Muskeltest, denn jeder hat seine Antworten in sich beziehungsweise den Reserveschlüssel irgendwo bei sich versteckt und gemeinsam finden wir ihn. Wenn Sie keine Lust mehr haben, vor verschlossenen Türen zu stehen, kontaktieren Sie mich. Und Sie werden sehen, ich bin auch noch günstiger als der normale Schlüsseldienst."

Susanne S.: „Darf ich Sie entführen? Es dauert auch ganz bestimmt nicht lange. Sehnen Sie sich manchmal nach der Zeit, als Sie versunken in Ihren Märchenbüchern blätterten? Oder haben Sie heute Kinder, mit denen Sie auf eine märchenhafte Reise gehen möchten? Fehlt Ihnen jedoch für diesen Traum-Reiseurlaub noch die passende Ausrüstung? Dann möchte ich Ihnen gerne behilflich sein: Bei uns finden Sie alles rund um Märchen, Mythen, Sagen und Mittelalter – Märchenbücher und Märchenmalbücher, CDs, Filme, Reisen in Märchenwälder, Dekorationen mit Märchenmotiven, Kostüme. Wir sind Ihr kompetenter Ansprechpartner und lassen keine Wünsche offen. Gerne dürfen Sie sich bei Bedarf vertrauensvoll an mich wenden und wir werden uns dann umgehend Ihrer Wünsche annehmen. Meine Kollegen und ich freuen uns auf Ihren Besuch.

2. Die Rolle der Körpersprache beim Elevator Pitch

Die Wichtigkeit der Körpersprache darf bei der Präsentation der eigenen Person und des eigenen Unternehmens nicht außer Acht gelassen werden. Und auch wenn dir nur ein ganz kurzes Zeitfenster zur Verfügung steht, so spielt sie doch eine wichtige und bedeutende Rolle

Die Körpersprache trägt wesentlich dazu bei, ein selbstsicheres und starkes

Auftreten zu vermitteln. Im Gegenzug dazu drückst du durch eine schwache Körperhaltung Unsicherheit und Schüchternheit aus, was dir von deinem Gegenüber häufig als Schwäche ausgelegt wird.

Eine starke, selbstsichere Körperhaltung ist auch deshalb wichtig, weil sie in direkter Weise auf deine Psyche und somit auch auf dein Selbstbewusstsein zurückwirkt.

Ein selbstbewusstes Auftreten spiegelt sich in einer aufrechten Körperhaltung wider, der Rücken sollte durchgestreckt sein, die Schultern bleiben aufrecht und hängen nicht durch. Verschränke die Arme nicht vor der Brust und verzichte auf hastige Bewegungen, Kleiderzupfen oder Herumspielen an den Fingern. Sonst entsteht schnell der Eindruck von Nervosität. Ein kräftiger, aber nicht zu fester Händedruck vervollständigt das gesamte Auftreten.

Unterlasse auch Dinge wie ständiges „Auf-die-Uhr-schauen", permanentes Herumspielen im Gesicht und ein der Situation nicht angemessenes Lachen.

Die Devise lautet: Bleib möglichst locker und entspannt. Sei du selbst. Dann kann nichts mehr schief gehen.

6.12 SETZ AUF DEINEN PERSÖNLICHEN EXPERTENRAT

Häufig bist du als Heilpraktiker und Therapeuten ein Einzelkämpfer, der alle Entscheidungen alleine trifft. Ob bei der Praxiseinrichtung, der Gestaltung der Website oder dem Betexten von Flyern - du entscheidest, was deiner Meinung nach die beste Außenwirkung erzielt. Was, wenn jedoch jegliche Wirkung ausbleibt und keine Klienten bei dir anrufen?

Bleiben wir beim Beispiel Flyer. Du findest das Design richtig schick und auch die Texte sind deiner Meinung nach richtig gut gelungen und aussagekräftig. Voller Begeisterung legst du die Flyer aus und die Enttäuschung folgt auf dem Fuß, denn niemand meldet sich bei dir, um einen Termin in deiner Praxis zu vereinbaren. Und du fragst dich: Woran liegt das? Ich hab doch mein Bestes gegeben.

Davon sind wir überzeugt, dennoch solltest du dich in einem solchen Fall fragen: Sprechen deine Texte wirklich die Sprache deiner Zielgruppe, hast du sozusagen den "Ton getroffen", der sie begeistert? Oder hast du doch zu viel erklärt und weniger den Nutzen hervorgehoben, den ein Patient von einer Behandlung bei dir hat?

Bevor du dich alleine im Gedankenkarussell drehst, empfehlen wir dir: Setze auf deinen persönlichen Expertenrat.

Wie stellst du dir deinen persönlichen Expertenrat zusammen? Geh einfach mal in Gedanken deinen Freundes-, Familien- und Bekanntenkreis durch und du wirst die unterschiedlichsten Kompetenzen finden. Eine Bekannte ist beispielsweise Betriebswirtin und kennt sich mit Zahlen aus, ein Ex-Kollege hat Ahnung von Design, eine Heilpraktiker-Kollegin steckt tief im selben Thema wie du und deine beste Freundin wiederum hat als Branchenfremde null Einblick. Wichtig ist es auf jeden Fall, dass dein Expertenrat bunt gemischt ist und jeder eine andere Sichtweise mitbringt.

Bevor das nächste Mal ein Flyer in Druck geht, zeigst du ihn deinem Expertenteam und holst dir von allen Beteiligten Feedback ein. Deine branchenfremde Freundin weist dich zum Beispiel darauf hin, dass dein Text zu viele Fachbegriffe enthält, die du ganz selbstverständlich benutzt, die für Laien aber unverständlich sind. Vom Design-Fachmann bekommst du vielleicht Profi-Tipps, wie du die Gestaltung optimieren kannst und die Betriebswirtin bietet dir an, dich bei der Kostenkalkulation zu unterstützen.

Du wirst staunen, wie viel wertvollen Input du durch diese „Sicht von außen" erhältst und du merkst: Du musst doch gar nicht alles alleine machen.

6.13 GIVEAWAYS – KLEINES GESCHENK, GROSSE WIRKUNG

Werbegeschenke sind eine beliebte Verkaufshilfe, deren Vorteil darin besteht, dass dein Klient etwas „Greifbares" von dir mitnimmt. Wenn ihm der Gegenstand später wieder begegnet, er also beispielsweise den Kugelschreiber mit deinem Praxislogo auf seinem Schreibtisch sieht, wird er sich an den Schenkenden, also an dich, erinnern.

Aus einer Marktforschungsstudie, die 2012 vom Gesamtverband der Werbeartikel-Wirtschaft in Auftrag gegeben wurde, ging hervor, dass Werbegeschenke stärker wahrgenommen werden als beispielsweise Funk- oder

TV-Werbung. Interessant ist auch die Tatsache, dass 75 Prozent der Werbegeschenke sich bereits mehr als sechs Monate im Besitz des Empfängers befinden, was auf eine längere Nutzungsdauer der Giveaways hindeutet. Des Weiteren gaben 37 Prozent der Befragten an, dass der Werbeartikel ihre Kaufentscheidung positiv beeinflusst hat

Nun stellst du dir sicher die Frage: Darfst du als Heilpraktiker überhaupt Werbemittel einsetzen oder verstößt du damit gegen das Heilmittelwerbegesetz (HWG)?

In § 7 HWE steht zwar, dass Zuwendungen und Werbegaben an sich unzulässig sind, es sei denn, dass „es sich bei den Zuwendungen oder Werbegaben um Gegenstände von geringem Wert, die durch eine dauerhafte und deutlich sichtbare Bezeichnung des Werbenden oder des beworbenen Produktes oder beider gekennzeichnet sind, oder um geringwertige Kleinigkeiten handelt."

Da Werbemittel meist einen geringen Warenwert haben, bist du also auf der sicheren Seite.

Gemäß Rechtsprechung werden Werbegeschenke mit einem Warenwert von unter 3 Euro als geringfügig eingestuft.

Bezüglich der steuerlichen Absetzbarkeit bekommst du von deinem Steuerberater alle wichtigen Informationen.

Welche Giveaways kannst du als Heilpraktiker verschenken? Sinn machen vor allem praktische Geschenke, die eventuell auch einen gewissen Gesundheitsbezug haben. Aus diesem Grund würden wir von Gummibärchen oder Schokoladenherzen eher abraten.

Teetassen, Kerzenständer oder ein Notizblock mit Kugelschreiber sind Gegenstände, die für den Alltag des Beschenkten nützlich sind. Sehr beliebt sind auch zur Jahreszeit passende Präsente wie ein Eiswürfelbehälter für den Sommer oder Plätzchenausstecher in der Winterzeit. Hier sind deiner Fantasie keine Grenzen gesetzt. Stöbere einfach im Netz auf den Seiten von Werbemittel-Anbietern und lass dich dort inspirieren.

6.14 UNSER ULTIMATIVER MARKETINGTIPP: GEH ZUM ARZT

Ja, du hast richtig gelesen – wir schicken dich tatsächlich zum Arzt. Und zwar mit einem Stapel deiner Praxisflyer unter dem Arm. Was sich zunächst komisch liest, ist eigentlich ziemlich logisch: Wo sitzen die Menschen, denen es nicht gut geht und die Hilfe brauchen? Richtig, sie sitzen beim Arzt. Womöglich mit dem Wunsch, er hätte mehr Zeit für sie. Leider macht das unser überlastetes Gesundheitswesen oft unmöglich. Häufig werden die Patienten als Fallzahl durch die Praxen geschleust.

Hier könntest du mit deinem ganzheitlichen Ansatz wertvolle Hilfe leisten, aber woher sollen die Menschen das wissen? Wäre es nicht klasse, wenn im Wartezimmer deine Flyer liegen würden? Wenn der Mediziner gar Patienten zu dir schicken würde? Das passiert doch nie und nimmer, denkst du?

Auch wenn du nicht Medizin studiert hast – du bist eine Expertin beziehungsweise ein Experte in deinem Fachgebiet, sei es als Hypnosetherapeutin oder als Heilpraktiker mit Schwerpunkt Akupunktur oder traditioneller chinesischer Medizin. Warum sollte dein Expertenwissen weniger wert sein? Warum sollte ein Arzt einen Patienten, dem keine Schmerzmittel mehr helfen, nicht zu dir schicken

Hier spielen negative Glaubenssätze eine große Rolle. „Der wird mich doch gar nicht ernst nehmen.", „Die Ärztin denkt sicher, wir Heilpraktiker sind alles Esoteriker, die mit Räucherstäbchen Krankheiten heilen." Fühlst du dich ein wenig ertappt? Gehen deine Gedanken tatsächlich in diese Richtung?

Natürlich kann es passieren, dass ein Mediziner dein Ansinnen ablehnt, aber genauso gut gibt es auch Ärzte, die einer Zusammenarbeit mit einem Heilpraktiker aufgeschlossen gegenüber stehen. Du wirst es aber erst erfahren, wenn du deinen ganzen Mut zusammen nimmst, einen Termin mit einem fachlich zu dir passenden Mediziner in deiner Nachbarschaft vereinbarst und mit ihm oder ihr sprichst. Trau dich einfach.

Hierzu gibt es eine schöne und Mut machende Geschichte von Sandra. Als sie vor einigen Jahren ihre zweite Praxis als Hypnosetherapeutin auf dem Land eröffnet hatte, rief sie den im Ort praktizierenden Psychiater an. Der Assistentin am Telefon erklärte sie, dass sie sich hier mit einer Praxis niedergelassen hätte, sie hat ihr Fachgebiet erläutert und um einen Termin gebeten, um sich einfach vorzustellen. Auch sie war damals ziemlich nervös – hatte sie sich doch zuvor von einem anderen Mediziner bereits eine Abfuhr eingeholt.

Die Begegnung verlief – allen Befürchtungen zum Trotz – mehr als angenehm. Sandra und der Psychiater unterhielten sich lange und ausgiebig und er war begeistert von ihrer Kompetenz. Da er eine Zusatzausbildung in klinischer Hypnose absolviert hatte, konnten sich beide intensiv und auf Augenhöhe austauschen. Das Ergebnis war, dass er Patienten zu ihr schickte, doch nicht nur das. Als in seiner Gemeinschaftspraxis Räume frei wurden, bot er sie Sandra an.

Und das Beste: Die Praxis befindet sich in einem Ärztehaus und durch kluges Netzwerken schaffte es Sandra, über weitere Ärzte an Klienten zu gelangen.

6.15 NO-GOS IM MARKETING

Du hast jetzt viel über Marketing erfahren und eine Menge konkreter Tipps dazu von uns bekommen. Nachfolgend wollen wir dir kurz aufzeigen, was gar nicht geht.

Wir wissen, an der einen oder anderen Stelle wiederholen wir uns. Wir wissen auch, dass dein Budget wahrscheinlich nicht sehr hoch ist. Aber folgendes möchten wir dir einfach dringend noch einmal ans Herz legen:

No-Go Nr. 1 – eine unprofessionell gestaltete Website

Ein Profi, der dir deine Praxis-Homepage gestaltet, ist dir zu teuer? Gut, dass es im Netz Baukastensysteme gibt, mit denen du dir deine Website ohne große Vorkenntnisse selbst zusammenbasteln kannst. Auch wenn das Ergebnis akzeptabel aussehen mag, aber reicht das, um dich von deinen Mitbewerbern abzuheben? Sind auf deiner Baukastenseite Features vorhanden, mit denen Interessenten zum Beispiel gleich online einen Termin vereinbaren können? Wie wird die Seite mobil dargestellt? Wie sieht es mit der Suchmaschinenoptimierung aus, die enorm wichtig ist, damit deine Seite bei Google gefunden wird und in den Suchmaschinenergebnissen ganz oben auftaucht. 86 Prozent der User schauen sich nur die erste Seite der Ergebnisse an, zwei Drittel sogar nur die ersten fünf Suchergebnisse. Bist du auf Seite 2, nehmen dich potenzielle Klienten schon gar nicht mehr wahr.

Es muss ja nicht gleich eine teure Agentur sein. Aber ein Freelancer mit richtig viel Ahnung wird dir zu einem vernünftigen Preis eine suchmaschinenoptimierte Praxis-Homepage mit einem Content-Management-System erstellen, das allen oben genannten Anforderungen entspricht und von dir einfach zu bedienen ist, so dass du deine Inhalte selbstständig auf deiner Seite einpflegen kannst.

No-Go Nr. 2 – kein durchgängiges Design, schlechte Bild- und Papierqualität

Ob Praxis-Logo, Briefpapier, Flyer, Website oder Social Media-Auftritt – wichtig ist ein einheitliches Design und eine durchgängige Bildsprache, die einen klaren Wiedererkennungswert schaffen. Herrscht hier ein selbst fabriziertes Durcheinander an Farben, Gestaltungselementen und Schriften, macht das einen höchst unprofessionellen Eindruck, der schlimmstenfalls potenzielle Klienten auch an deinen beruflichen Fähigkeiten als Heilpraktiker und Therapeut zweifeln lässt. Deshalb raten wir dir dringend: Lass dich von jemandem unterstützen, der etwas von Design versteht. Vielleicht hast du jemanden im Bekanntenkreis, der dir behilflich sein kann oder du suchst dir einen Freelancer, der Ahnung hat.

Präsentiere dich auch auf Fotos professionell. Bitte verwende auf deiner Website und deinen Flyern nicht das Bild, das deine Freundin bei der letzten Gartenparty von dir geknipst hat und das auf deinem privaten Facebook-Profil eine Menge Likes erhalten hat. Auch wenn es dir noch so gut gefällt: Such besser einen Profi-Fotografen auf, der sein Handwerk versteht und dich fachmännisch und ansprechend in Szene setzt.

Und noch eine Bitte hätten wir: Spare bei Flyern und Visitenkarten nicht an der Papierqualität. Denn warum sollte jemand 90 oder 120 Euro die Stunde für eine Behandlung bei dir ausgeben, wenn er dir nur eine Billig-Broschüre wert ist, die sich wie ein Lappen anfühlt?

No-Go Nr. 3 – schlechte Texte

Das bisschen Texten machst du doch mit links? Täusche dich da nicht. Es ist kein Kinderspiel, die Tonalität deiner Zielgruppe zu treffen und ihr dabei kurz und klar deine Expertise vor Augen zu führen und vor allem den Nutzen, den mögliche Patienten von einer Behandlung bei dir haben. Es besteht immer die

Gefahr, bei der Erstellung von Texten vom Hundertsten ins Tausendste zu kommen und sich in einer Menge an Allgemeinplätzen, Floskeln oder in für Laien unverständlichen Fachausdrücken zu verlieren. Von Rechtschreibung und Zeichensetzung mal ganz abgesehen, denn auch hier wird bei Fehlern gerne mal an der beruflichen Kompetenz gezweifelt.

Deshalb empfehlen wir: Schreibe die Texte für deine Homepage und deine Flyer gerne selbst, aber gönn dir wenigstens ein professionelles Schlusslektorat. Denn am Ende musst du womöglich „billig" teuer bezahlen – in Form von ausbleibenden Klienten.

6.16 DU MUSST NICHT ALLES SELBST MACHEN

Zugegeben, das Kapitel Marketing mit all seinen Aspekten haben wir sehr intensiv und ausführlich behandelt, um die Wichtigkeit dieses Themas zu betonen. Wir können uns sehr gut vorstellen, dass du dich jetzt fragst: Wie und wann soll ich denn das alles neben meiner Tätigkeit als Heilpraktiker schaffen?

Und hier kommen wir zum Stichwort Outsourcing. Du musst keine teure Agentur beauftragen, die deine Website gestaltet, dein Corporate Design entwickelt, deine Texte schreibt und deinen Social Media-Auftritt zum Laufen bringt. Aber hol dir bei diesen wirklich wichtigen Themen Profis mit ins Boot. Es gibt top Freelancer, die dich zu einem bezahlbaren Preis unterstützen.

Denk daran, du bist Unternehmer. Du musst nicht alles selbst machen. Entscheide dich für das Gewinnbringende. Outsourcing ist eine Investition, die dir Zeit zum Geldverdienen verschafft und sich deshalb definitiv lohnt.

Wenn du Unterstützung suchst, darfst du dich auch gerne an uns wenden und unter www.therapeuten-marketing.de
ein kostenloses 30-minütiges Kennenlern-Telefonat mit uns vereinbaren.

7.

SOCIAL MEDIA

In diesem Kapitel geht es um Social Media. Eine Studie des Verbandes Bitkom zeigt, dass im Jahr 2018 für neun von zehn deutschen Internetnutzern die sozialen Netzwerke zum Alltag gehören. Im Schnitt sind die User auf drei Social Media-Plattformen angemeldet. 38 Prozent nutzen die Netzwerke, um Produkte und Dienstleistungen zu finden, 31 Prozent halten sich dort über Unternehmen und Marken auf dem Laufenden und 10 Prozent nutzen Facebook und Co., um sich zu beschweren.

Da es keine günstigere und schnellere Methode gibt, mit Nutzern in Kontakt zu treten, mit ihnen zu kommunizieren und dabei deine Reichweite zu steigern, sind wir der Überzeugung, dass auch du als Heilpraktiker und Therapeut mindestens ein soziales Netzwerk nutzen solltest. Deshalb erhältst du in diesem Kapitel von uns einen Überblick über die wichtigsten Plattformen. Dabei legen wir auf Facebook als reichweitenstärkstes Social Network ein besonderes Augenmerk, denn hier ist nahezu jede Zielgruppe vertreten.

7.1 WAS VERSTEHT MAN UNTER SOCIAL MEDIA UND WAS SIND DIE WICHTIGSTEN NETZWERKE?

„Social Media (englisch für soziale Medien sind digitale Medien und Methoden, die es Nutzern ermöglichen, sich im Internet zu vernetzen, sich also untereinander auszutauschen und mediale Inhalte einzeln oder in einer definierten Gemeinschaft oder offen in der Gesellschaft zu erstellen und weiterzugeben. Der Begriff „Social Media" dient auch zur Beschreibung einer neuen Erwartungshaltung an die Kommunikation und wird zur Abgrenzung vom Begriff Medium für ein Druckwerk oder einen Rundfunkkanal stets im Plural verwendet. Dies soll signalisieren, dass es sich um mehr handelt als um einzelne Medien oder Kanäle.

Soziale Interaktionen und kollaboratives Schreiben (manchmal in Anlehnung an den englischen Begriff auch „Kollaboration" genannt) in sozialen Medien gewinnen zunehmend an Bedeutung und wandeln mediale Monologe (one to many) in Dialoge um.

Zudem können sie das schnelle Verbreiten von Wissen, Meinungen und anderen Informationen unterstützen. Es besteht im Unterschied zu traditionellen Massenmedien weniger oder kein soziales Gefälle zwischen Sender und Rezipienten (Sender-Empfänger-Modell). Als Kommunikationsmittel werden dabei Text, Bild, Audio oder Video verwendet. Das gemeinsame Erstellen, Bearbeiten und Verteilen von Inhalt, unterstützt von interaktiven Anwendungen, bis hin zum Ansehen, Lesen und Verstehen betont auch der Begriff Web 2.0." (Quelle: Wikipedia).

Zu den wichtigsten Social Media Portalen, die man als Unternehmer kennen sollte, gehören:

- Facebook als reichweitenstärkstes Netzwerk
- Instagram, Pinterest und Flickr als Bilder-Netzwerke
- Twitter und Tumblr als Microblogging-Dienste
- Youtube und Vimeo als Videoportale

- Snapchat und TikTok für sehr junge Zielgruppen
- XING und LinkedIn als berufliche Netzwerke

Unserer Meinung nach ist Facebook allein aufgrund seiner riesigen Reichweite eindeutig die Nummer Eins und wir empfehlen dir, dort auf jeden Fall aktiv unterwegs zu sein.

Da du schon aus Zeitgründen nicht auf allen Portalen präsent sein kannst, raten wir dir, für den Anfang nur ein Netzwerk zu nutzen und dort regelmäßig für deine Zielgruppe relevante und informative Beiträge zu posten. Da jedes Social Network seine eigene Nutzerstruktur hat, macht es wenig Sinn, ein- und denselben Beitrag auf fünf Netzwerken gleichzeitig zu posten. Das kann bei den Usern zu Verärgerung führen, weil unterschiedliche Bedürfnisse nicht berücksichtigt wurden.

Nachfolgend geben wir dir einen kurzen Überblick über die oben erwähnten Social Media- Plattformen:

Instagram (das seit 2012 zu Facebook gehört) punktet mit steigenden Mitgliederzahlen und hohen Interaktionsraten. Wie bei Pinterest liegt der Themenschwerpunkt auf Lifestyle-Themen wie Reisen, Food, Mode oder Design. Beide Plattformen setzen dabei vor allem auf schön inszenierte Bilder. Im Gegensatz zu Pinterest kannst du von Instagram-Beiträgen nicht direkt auf deine Website verlinken. Flickr eignet sich zum Beispiel, wenn du mit vielen Pressebildern arbeitest. Statt hohe Datenmengen auf deiner eigenen Seite zu hosten, kannst du sie dort hochladen.

Youtube und **Vimeo** sind Video-Plattformen, auf denen du Bewegtbild-Inhalte hochladen kannst. User lieben Videoinhalte und ziehen sie häufig Textinhalten vor. Des Weiteren hat sich Youtube zu einer beliebten Suchmaschine für Tutorials entwickelt, die oft Schritt-für-Schritt-Anleitungen beinhalten. Wenn du einen Kanal auf Youtube etablieren möchtest, solltest du deine Follower regelmäßig mit neuen Videos begeistern. Vimeo ist als Video-Plattform wesentlich kleiner als Youtube, kann aber unter anderem mit der besseren Film-Qualität punkten. Wenn du auf Reichweite setzen möchtest, ist auf jeden Fall Youtube zu empfehlen.

Twitter und **Tumblr** gehören zu den Blogging-Diensten, wobei bei ersterem die Länge der Tweets auf 280 Zeichen beschränkt ist, weshalb Twitter auch als Micro-Blogging-Dienst bezeichnet wird. Das Portal wird überdurchschnittlich von Journalisten und Politikern genutzt und steht daher für eine Verbreitung von aktuellen Nachrichten in Echtzeit.

Tumblr als Blogging-Plattform hat in Deutschland einen Nutzeranteil von ca. 3,5 Prozent und bedient vor allem eine sehr junge Zielgruppe bis ca. 29 Jahre.

Ebenso beliebt bei sehr jungen Nutzern sind die Dienste Snapchat und TikTok. Snapchat führte als erste Plattform die Funktion ein, Fotos und Medien an Freunde zu versenden, die automatisch verschwanden, sobald der Empfänger sie gesehen hatte. Als Facebook und Instagram diese Funktion in den sogenannten „Stories" übernahmen, verlor Snapchat an Bedeutung und wurde in Bezug auf die Nutzerzahlen von TikTok überholt. Auf diesem Portal können User eine Hintergrundmusik wählen und 60-Sekunden Videos von sich mit Spezialeffekten erstellen und hochladen. Häufig bestehen die Clips aus Karaoke- beziehungsweise Playback-Singen oder Tanz-Einlagen. Die beliebtesten Videos werden auf der Startseite angezeigt.

Nachfolgend wollen wir uns etwas ausführlicher mit Facebook, Instagram, Youtube sowie den beruflichen Netzwerken LinkedIn und Xing beschäftigen.

7.2 FACEBOOK – ZAHLEN UND FAKTEN

Auf keiner Social Media-Plattform werden von so vielen privaten und geschäftlichen Nutzern so viele Informationen verbreitet und geteilt wie auf Facebook. Mit keinem anderen sozialen Netzwerk werden nahezu alle Zielgruppen erreicht, so dass man es mit Recht als Business-Booster bezeichnen kann.

Die Erfolgstory begann im Jahr 2003 als Mark Zuckerberg die Website facemash.com entwickelte. Er studierte damals Psychologie und Informatik an der renommierten Harvard Universität. Mit Wissenschaft hatte seine Seite allerdings nichts zu tun, vielmehr ging es darum, über die attraktivsten Frauen auf dem Campus abzustimmen.

In seiner heutigen Form besteht Facebook seit Februar 2004 – zunächst als digitales Jahrbuch von US-Universitäten – und trat von da seinen Siegeszug um die Welt an. Seit 2006 ist das Netzwerk für jeden über 13-Jährigen mit einer gültigen E-Mailadresse zugänglich. Wenn du mehr über die Entstehungsgeschichte erfahren möchtest, empfehlen wir den Film von David Fincher „The Social Network".

Wenn wir den zur Facebook-Familie gehörenden Messenger-Dienst WhatsApp sowie Instagram hinzunehmen, liegen wir zum Ende des 4. Quartals 2019 bei folgenden Nutzerzahlen:

- 2,9 Milliarden Menschen nutzen mindestens einen Facebook Dienst im Monat, davon wird allein Facebook von 2,5 Milliarden einmal monatlich genutzt.

- 2,3 Milliarden Menschen nutzen mindestens einen dieser Dienste pro Tag.

- Separate Zahlen für Deutschland werden nicht ausgewiesen. In Europa gibt es 394 Millionen aktive Facebook Nutzer – 294 Millionen davon sind jeden Tag auf Facebook aktiv. Schätzungen für Deutschland gehen von 32 Millionen monatlich aktiven und 23 Millionen täglichen Nutzern aus.

- Es gibt 140 Millionen aktive Unternehmen auf Facebook.

- 4 Millionen Unternehmen werben mit Instagram-Story-Ads.

- Über Facebook Ads können über 2 Milliarden Menschen erreicht werden.

- 2019 erhielt Facebook täglich 500.000 neue Nutzer, das sind 6 neue Profile pro Sekunde.

- Nutzer vergeben 4 Millionen Likes pro Minute.

- Täglich werden 350 Millionen Bilder hochgeladen.

Mit dieser kurzen Zahlenübersicht wollen wir dir einen Eindruck von der gigantischen Größe von Facebook vermitteln und dir zeigen, wie viel Potential darin steckt, dort präsent zu sein. Du erreichst hier nahezu alle: Junge und Ältere, Frauen genauso sowie Männer, Menschen mit den unterschiedlichsten Haushaltseinkommen und Interessen.

7.3 SECHS TIPPS FÜR DIE ERSTELLUNG VON INHALTEN AUF FACEBOOK

Nachfolgend haben wir ein paar Inspirationen für dich, was das Erstellen von Inhalten auf Facebook anbelangt.

1. Poste regelmäßig und teste unterschiedliche Zeiten

Deine Follower auf Facebook freuen sich, regelmäßig von dir zu lesen. Zu viel auf einmal sollte es allerdings auch nicht sein. Wenn du als Heilpraktiker und Therapeut wochenlang keinen Beiträge veröffentlichst und dann wieder 10 am Tag, bringt das nicht sonderlich viel. Denn nicht alle deine Posts werden im Newsfeed deiner Abonnenten ausgespielt – und es wäre doch schade, wenn du dir die Mühe umsonst gemacht hättest.

Starre Regeln, wie oft du in der Woche posten sollst, gibt es nicht. Unserer Erfahrung nach reichen 3 bis 5 interessante Beiträge in der Woche, die du gut verteilen solltest. Am Wochenende sowie am frühen Morgen oder nach Feierabend sind besonders viele User online. Teste einfach unterschiedliche Zeiten und poste deinen Spitzen-Content am Samstag oder Sonntag. Finde heraus, wann du die meisten Interaktionen (Likes, Shares und Kommentare) erhältst. Wenn du eine FB-Unternehmensseite hast, stellt dir das Netzwerk automatisch Auswertungen zur Verfügung, denen du entnehmen kannst, wann deine User online sind, welche deiner Posts am erfolgreichsten waren und viele weitere Infos mehr.

2. Du oder Sie?

Bleibe in der Ansprache deiner User konsistent. Wenn du sie auf deiner Website siezt, dann bitte auch in deinen Blogbeiträgen oder auf Social Media. Deine Besucher einmal mit „Du" und dann wieder mit „Sie" anzusprechen kann irritierend wirken. Frage dich, wie deine Zielgruppe wohl gerne angesprochen werden möchte und entscheide dann.

3. Sammle Themen im Redaktionsplan

So ein Redaktionsplan ist eine feine Sache. Hier kannst du Ideen für Texte und Fotos über einen Monat verteilt eintragen. So kannst du beispielsweise Einblicke in deine Praxis gewähren, im Winter deinen Abonnenten Tipps geben, wie sie die Erkältungszeit gut überstehen – vielleicht sogar über einen Zeitraum von vier Wochen als Rubrik. Hast du genug Themen beisammen, formuliere deine Posts und wähle passende Bilder aus. Anschließend kannst du die Beiträge einplanen und dabei Datum und Uhrzeit wählen. Damit ist der gesamte Monat oder mehr erledigt und du brauchst nur noch auf die Interaktionen deiner User zu reagieren.

4. Biete Mehrwert

Wir können es nicht oft genug betonen: Facebook und andere Social Media-Plattformen sind keine Werbekanäle. Begeistere deine Follower mit nützlichen und wertvollen Inhalten, die ihnen einen echten Mehrwert bieten, zum Beispiel:

- Erkläre deinen Followern dein Behandlungsangebot und sag ihnen, welche Vorteile es für sie persönlich bringt.

- Verweise auf interessante Studien, die die Wirksamkeit deines Therapieangebots belegen.

- Gib regelmäßig Tipps, die deine Leser sofort zuhause umsetzen können. Themen gibt es endlos viele – von Atem- und Meditationsübungen zum Entspannen bis hin zur gesunden Ernährung mit Wildkräutern.

- Mit interessanten Inhalten mit Nutzwert und einer Tonalität, die deine Zielgruppe auch erreicht, können aus Followern auch ganz schnell künftige Klienten werden.

5. Poste Bilder, Videos und Stories

Reine Textposts generieren nicht sehr viel Aufmerksamkeit, auch wenn sie kurz und knackig geschrieben sind. Viel erfolgreicher sind Linkposts mit Vorschaubild – zum Beispiel auf deine Blogbeiträge – oder Posts mit ansprechenden Fotos. Heutzutage kannst du mit deinem Smartphone schon spitzenmäßige Bilder machen, du brauchst keine teure Digitalkamera dafür. Hast du zu einem Thema nichts Visuelles zur Verfügung, dann gibt es sogenannte Stock-Foto-Datenbanken, bei denen du für kleines Geld großartige Fotos,

Videos oder Grafiken lizenzfrei erwerben kannst. Mit canva.com kannst du zum Beispiel kostenlos Zitate in Fotos einfügen und Grafiken erstellen.

Wie wäre es übrigens, deine Follower einmal direkt mit einem Video anzusprechen, statt einen Textbeitrag zu posten, gerade wenn du zum Beispiel einen Workshop veranstaltest? Es bringt dir Aufmerksamkeit und Sympathie, wenn du dich authentisch zeigst. Überlege dir, was du zu einem bestimmten Thema sagen möchtet und dann leg los. Entweder mit Handy und Stativ oder mit einem hilfreichen Menschen, der dich filmt.

Stories sind eine tolle Sache, wenn du mit deinen Usern etwas kurzzeitig teilen möchtest, zum Beispiel eine blühende Frühlingswiese oder einen besonders beeindruckenden Sonnenuntergang. Eine Facebook-Story lässt sich ganz einfach mobil oder in der Webansicht mit Fotos oder Videos erstellen. Du kannst das Ganze auch mit Musik und verschiedenen weiteren Effekten „aufpeppen".

Unser Rat: Poste nichts allzu Privates

Vergiss nicht, deine Unternehmensseite auf Facebook ist eine deiner Visitenkarten im Netz. Zeig dich und deine Praxis mit ansprechenden Bildern und Videos, die mit deinem Beruf in Zusammenhang stehen. Das kann durchaus auch mal ein Video mit Meeresrauschen sein oder ein Foto von dir in der Natur. Bikini- und Party-Fotos jedoch teile bitte am besten auf deinem privaten Facebook-Profil und auch dort nur mit deinen Freunden und nicht öffentlich.

6. Du hältst einen Vortrag? Dann erstelle auf Facebook eine Veranstaltung

Du gibst einen Workshop oder hältst einen Vortrag? Dann macht es Sinn, eine öffentliche Veranstaltung auf Facebook zu erstellen. Damit schaffst du die Möglichkeit, dass Interessierte dich persönlich kennenlernen können und so begeistert sind, dass sie anschließend einen Behandlungstermin bei dir vereinbaren. Wie du eine Facebook-Veranstaltung einstellst und bewirbst, erfährst du in Kapitel 10. Hier erfährst du auch, wie du Seminare und Workshops on- und offline organisierst.

7.4 WARUM DU AUCH VIDEO-POSTS AUF FACEBOOK TESTEN SOLLTEST

Wir haben es täglich mit einer wahren Flut an Texten zu tun. E-Mails, Newsletter, Messenger-Nachrichten, Textposts auf Facebook, Blogartikel - da kommt einiges zusammen. Wie wäre es denn, wenn du deine Posts als Video ins Netz stellst? Keine Bange, das ist einfacher als du glaubst und in unserem heutigen Artikel und im Video zeigen wir dir, wie du schnell loslegen kannst.

Es ist auch für Heilpraktiker und Therapeuten nicht immer leicht, spannenden und informativen Content zu erstellen und beim Texten an Worten, Sätzen und an der Tonalität zu feilen.

Bei einem Video-Post dagegen trittst du als Person in Erscheinung. Deine Follower sehen dein Gesicht, hören deine Stimme und gewinnen damit einen ganz neuen Eindruck von dir und deinem Auftreten. Sie lernen dich quasi (fast schon) persönlich kennen. Ein authentisches und sympathisches Auftreten wird dabei garantiert mit einer höheren Interaktionszahl belohnt, also mit Likes, Kommentaren und Shares, die deiner Facebook-Seite neuen Schwung geben und sogar potenzielle Klienten für dich begeistern können.

Wahrscheinlich gehen dir gerade folgende Gedanken durch den Kopf:

„Ich bin viel zu aufgeregt und nervös."
„Was ist, wenn ich mich verspreche oder ins Stocken gerate?"
„Bin ich denn für ein Video fotogen genug?"

Hierzu möchten wir dir Folgendes mit auf den Weg geben: Es geht um dich als Mensch, um Authentizität und nicht um Perfektion. Du drehst keinen Imagefilm, sondern versorgst deine Community mit deinem Expertenwissen - und das von Herzen. Es ist also völlig unerheblich, ob du dich mal verhaspelst oder die Lichtverhältnisse nicht optimal sind - auf deine Botschaft kommt es an. Und hier solltest du ansetzen und dir überlegen, zu welchen Themen deine Follower Informationsbedarf haben. Und dann leite dein Video beispielsweise mit einer Frage ein: „Habt ihr euch auch schon häufig gefragt, wie ...?" „Aus aktuellem Anlass möchte ich euch heute ein paar Tipps zum Thema XY geben." Alternativ kannst du auch mit einem prägnanten Zitat starten.

Du musst dir wirklich kein teures Equipment zulegen, um loszulegen. Dein Smartphone genügt. Wenn du nervös bist, musst du dein Handy nicht unbedingt selbst in der Hand halten und gleichzeitig frei von der Leber weg sprechen. Bitte dann einfach eine Freundin oder deinen Partner, dich zu filmen, während du sprichst. Oder du kaufst dir für kleines Geld ein Stativ und ein Mikro. Versuche es und probiere dich einfach aus. Und im schlimmsten Fall wiederholst du die Aufnahme.

Vielleicht macht dir das Posten von Videos so viel Spaß, dass du einen Schritt weiter gehst und einen eigenen Youtube-Kanal ins Leben rufst. Mehr dazu erfährst du im Abschnitt 7.8.

7.5 WIE DU DIE VORZÜGE DEINES FACEBOOK BUSINESS-PROFILS NUTZEN KANNST

Zunächst ist es wichtig, dass du erst ein privates Profil bei Facebook haben musst, bevor du eine Seite für dein Unternehmen erstellen kannst. Das ist eine Sache von Minuten. Scheue dich nicht, „klein“ anzufangen, sondern bitte erst mal Freunde und Bekannte mit einem Facebook-Profil, deine Seite zu liken und damit zu interagieren. Damit kannst du schon mal deine organische Reichweite (ohne bezahlte Werbung) peu à peu steigern.

Ein Unternehmens-Profil bei Facebook bietet dir zudem einige Vorzüge gegenüber einem rein privaten Account:

1. Hinterlege unternehmensrelevante Informationen auf deinem Business-Profil

Im Gegensatz zu einem Privat-Profil kannst du auf deiner Facebook-Unternehmensseite deine Praxisdaten wie Adresse, Telefonnummer, Öffnungszeiten und die Adresse deiner Website eintragen. So können interessierte User sofort mit dir in Kontakt treten. Auch einen Call-to-Action kannst du auf einer Unternehmensseite einbinden.

2. Präsentiere dich auf Facebook als Marke

Poste zum Beispiel dein Logo als Profilbild, deine Praxisräume als Header-Foto und erzähle im Info-Bereich die Story deiner Praxis. Informiere die User über dein Behandlungsangebot und darüber, bei welchen physischen oder psychischen Problemen du sie unterstützen kannst.

3. Erhalte Feedback durch Empfehlungen und Bewertungen

Wenn du ein Unternehmens-Profil führst, haben deine Fans die Möglichkeit, dich und deine Arbeit zu bewerten und zu empfehlen. Das bedeutet nicht nur eine Steigerung deiner Reputation, sondern du erhältst wertvolles Feedback. Und auch wenn das einmal nicht positiv ausfallen sollte, so registrieren User sehr wohl, ob und wie professionell du mit Kritik umgehst.

4. Nutze die Facebook Insights

Einen hervorragenden Einblick bieten dir die Statistiken auf Facebook und wir raten dir auf jeden Fall, regelmäßig einen Blick darauf zu werfen. Hier erfährst du, wie sich die Besucher deines Profils nach Alter, Geschlecht, Wohnort zusammensetzen. Du siehst, welches die Top-Posts sind, die User besonders interessiert haben und du erhältst einen Überblick über sämtliche Interaktionen mit deiner Seite. Das kann sehr hilfreich bei der Themenwahl für künftige Beiträge sein.

5. Schalte bezahlte Werbung für kleines Geld

Du möchtest deine Reichweite auf Facebook vergrößern und mehr Fans für deine Seite gewinnen? Dann bieten dir Facebook Ads eine hervorragende Möglichkeit, mit wenig Budget eine große Wirkung zu erzielen, unter anderem, weil du die Möglichkeit hast, deine Zielgruppe bis ins Detail zu definieren. Die Facebook Insights können dir dabei eine erste Orientierung bieten.

7.6 WARUM DU EINE FACEBOOK-GRUPPE GRÜNDEN SOLLTEST

Im vorhergehenden Abschnitt haben wir dir die Vorteile einer Unternehmensseite auf Facebook dargelegt. Und jetzt sagen wir auch noch: Gründe deine eigene Facebook-Gruppe. Wahrscheinlich fragst du dich jetzt: Was soll ich denn noch alles auf Facebook machen?

Vermutlich hast du schon bemerkt, dass es gar nicht so einfach für eine Unternehmensseite ist, auf organischem Wege – also ohne bezahlte Werbung –

Fans zu bekommen und die Reichweite zu erhöhen. Anfang 2018 hat Facebook verkündet, dass wir im sogenannten Newsfeed künftig vor allem Beiträge von Freunden zu sehen bekommen werden sowie Posts zu Themen, die uns interessieren. Folglich erscheinen Beiträge von Gruppen, in denen ein User Mitglied ist, ganz oben im Feed. Du siehst: Facebook liebt Gruppen.

Eine Gruppe zu erstellen, ist eine Angelegenheit von wenigen Minuten: Klicke auf „Erstellen" und wähle dann die Option „Gruppe" aus. Anschließend gibst du dem Kind, also der Gruppe, einen Namen und wählst die Privatsphäre-Einstellung aus. Wir raten zu einer geschlossenen Gruppe. Diese ist zwar in der Facebook-Suche öffentlich auffindbar, aber Interessierte, die beitreten wollen, müssen erst freigeschaltet werden, bevor sie die Beiträge in der Gruppe sehen und interagieren können.

Natürlich haben wir auch zum Thema Gruppen einige Tipps für dich auf Lager. Klar geht es nicht von heute auf morgen, eine erfolgreiche Facebook-Gruppe aufzubauen und Fakt ist auch, dass das einiges an Präsenz und Aufwand erfordert. Aber aus eigener Erfahrung wissen wir: Es lohnt sich.

1. Zeig deine Expertise schon bei der Wahl des Gruppennamens

Für was stehst du und was ist dein Anliegen? Uns vom Team Therapeuten-Marketing liegt zum Beispiel das Thema Sichtbarkeit für alternative Heilberufe am Herzen und darin sind wir auch Experten. Entsprechend haben wir unserer Facebook-Gruppe den Namen "Mehr Sichtbarkeit für Therapeuten & Heilpraktiker" gegeben und senden damit eine klare Botschaft an interessierte User.

Übrigens: Wenn du magst, laden wir dich herzlich ein, unserer Gruppe beizutreten.

2. Gruppenregeln sind wichtig

Schau dir auf jeden Fall das Profil von Interessenten, die der Gruppe beitreten möchten, genau an, bevor du sie freischaltest. Wir haben darüber hinaus gute Erfahrungen damit gemacht, ein paar klare Regeln für den Austausch in der Gruppe aufzustellen. Die betreffen zum einen den Umgangston. Wir wünschen uns einen konstruktiven und Austausch ohne gegenseitiges Niedermachen oder gar Hasskommentare. Zum anderen möchten wir keine Plattform sein, auf der von den Mitgliedern ständig Werbebotschaften in eigener Sache gepostet werden.

3. Eine Facebook-Gruppe ist kein Verkaufskanal

Wie in Punkt 2 bereits erwähnt, sollten nicht nur deine Gruppen-Mitglieder, sondern auch du selbst die Gruppe nicht als Verkaufskanal verstehen. Es geht um dich als Mensch, um Austausch, gegenseitige Hilfestellung, um Expertentipps und nicht um Werbung für dein Behandlungsangebot. Wenn die User spüren, dass es dir ein echtes Anliegen ist, sie zu unterstützen, sie an deinem Expertenwissen teilhaben zu lassen und sie mit relevanten und nützlichen Informationen zu versorgen, entsteht wertvolles Vertrauen, das dazu führen kann, dass sie dich empfehlen oder dich selbst aufsuchen. Hab also keine Angst davor, deine „Mitbewerber" kostenlos mit wertvollem Wissen zu versorgen. Wenn wir uns als Angehörige von alternativen Heilberufen gegenseitig Hilfestellung geben, steigert dies letztlich unser aller Erfolg.

4. Sei präsent

Das bedeutet zunächst, dass du regelmäßig in der Gruppe posten solltest. Das muss nicht täglich sein, aber bitte nicht nur einmal im Quartal. Gleichzeitig ist es wichtig, dass du für

Fragen zur Verfügung stehst, sobald du einen Beitrag veröffentlicht hast. Bitte lass dir nicht eine Woche Zeit, bevor du reagierst. Menschen erwarten im digitalen Zeitalter rasche Antworten.

5. Wie kannst du Inhalte für deine Gruppe gestalten?

Stelle deinen Gruppen-Mitgliedern exklusive Informationen zur Verfügung. Versorge Sie mit Inhalten und Tipps, die sie woanders nicht finden. Geh auf individuelle Fragen ein. Das könntest du in Form von wöchentlichen Facebook-Live-Sessions tun, in Frage- und Antwort- Runden oder indem du Umfragen startest, um zu erfahren, welche Themen deiner Zielgruppe unter den Nägeln brennen.

7.7. INSTAGRAM – FACEBOOKS „KLEINE“ SCHWESTER

Instagram erfreut sich zunehmender Beliebtheit und muss sich vor der großen Schwester Facebook nicht verstecken. Das Netzwerk zum Teilen von Bildern, Videos oder Stories generiert im Vergleich zu Facebook im Durchschnitt viermal mehr Interaktionen. Die Nutzer sind etwa 53 Minuten täglich auf dem Netzwerk unterwegs, um sich inspirieren zu lassen. 80 Prozent der User lassen sich bei der Entscheidung, ein Produkt oder eine Dienstleistung zu kaufen, von Instagram leiten.

Nachfolgend noch ein paar Zahlen und Fakten zu Instagram:

- 1 Milliarde Menschen sind monatlich aktive Instagram Nutzer.
- Instagram ist das Netzwerk mit dem höchsten Engagement nach Facebook.
- Von einer Milliarde monatlich aktiver Nutzer der Instagram-App sind 71 Prozent unter 35 Jahre alt.
- Immerhin gut 84 Millionen Frauen und 68 Millionen Männer in der Altersgruppe von 35 bis 44 Jahren sind auf der Plattform vertreten.
- 500 Millionen Instagram-Konten nutzen täglich die Story-Funktion.
- 83 Prozent der Instagram Nutzer entdecken neue Produkte und Dienstleistungen auf Instagram.
- 71 Prozent der US-amerikanischen Unternehmen nutzen Instagram.
- 50 Prozent aller Instagrammer folgen mindestens einem Unternehmen beziehungsweise einer Marke.

Wie bereits erwähnt, ist Instagram eine Plattform für Bilder und Videos, die vor allem für Lifestyle-Themen genutzt wird. Mit verschiedenen Filtern und Effekten kannst du deine Fotos vor dem Posten noch veredeln. Ebenso gibt es hier die Story-Funktion, mit der du Bild oder Videos posten kannst, die nach 24 Stunden nicht mehr zu sehen sind. Deine Lieblings-Stories kannst du unter dem Punkt „Highlights“ auf deinem Profil archivieren.

Auch Gesundheit ist ein Lifestyle-Thema, dem auf Instagram viel Aufmerksamkeit geschenkt wird. Wenn du also dich und deine Praxis gerne in ansprechenden Bildern und Videos darstellen und deinen Usern damit die Vorzüge eines gesunden und achtsamen Lebensstils nahebringen möchtest, solltest du diese Plattform in Erwägung ziehen. Achte auf eine hohe Bildqualität und schöne Bild-Kompositionen. Schau dir einfach an, wie sich erfolgreiche Mitbewerber mit vielen Followern dort präsentieren.

Texte spielen auf Instagram weniger eine Rolle, dafür ist die Bedeutung der sogenannten „Hashtags“ dort enorm hoch. Während du auf Facebook eher sparsam mit Hashtags umgehen solltest, kannst du auf Instagram bis zu 30 davon posten, um in der Suche unter möglichst vielen Schlagworten gefunden zu werden und so deine Reichweite zu erhöhen. Auswertungen von 5,4 Millionen Instagram-Posts ergaben, dass kleinere Accounts mit bis zu 1000 Followern mit ca. 10 Hashtags und einem kurzen Text mit bis zu 50 Zeichen am meisten Interaktion generierten. Von Hashtags wie #likeforfollow, #follow4follow oder #followme raten wir dir ab - das wirkt auf User einfach nur unprofessionell. Du kannst selbst Hashtags kreieren oder Vorschläge von Instagram nutzen.

Um dich auf Instagram anzumelden, musst du zunächst die App auf dein Handy laden und anschließend ein Profil anlegen. Eine Anmeldung oder das Erstellen von Beiträgen beziehungsweise Stories ist am Laptop oder Desktop-PC nicht möglich. Hier kannst du nur den Feed verfolgen, Beiträge liken oder kommentieren und Nachrichten verschicken.

Wir empfehlen dir, dein Instagram-Profil mit Facebook zu verknüpfen, so kannst du beide Networks unkompliziert bedienen. Weiterhin raten wir dir, nach der Erstellung deines Accounts die Funktion „zum Business Profil wechseln“ zu wählen. Dies ermöglicht dir, mehr Informationen über dich in deinem Profil zu veröffentlichen, du erhältst über die Insights Statistiken, beispielsweise über deine Follower oder über ihre Interaktion auf deine Beiträge.

Des Weiteren hast du die Möglichkeiten, über den Facebook Business-Manager Ads zu schalten, deren Erfolg du ebenfalls in den Insights verfolgen kannst. In einem Unternehmens-Profil kannst du auch ausführlichere Informationen – wie zum Beispiel direkte Kontaktdaten via Telefon oder E-Mail - hinterlegen.

Insgesamt bist du auf Instagram etwas weniger flexibel als auf Facebook. Öffentliche Beiträge anderer User lassen sich dort nicht so einfach innerhalb des Netzwerks teilen und schon gar nicht ohne deren Zustimmung. Ferner kannst du bei Instagram kein Titelbild in deinem Account veröffentlichen. Ob du als Profilbild dein Praxislogo oder ein gelungenes Portrait-Foto von dir wählst, bleibt dir überlassen. Intuitiv würden wir dir zweiteres empfehlen, denn die Nutzer wollen gerne den Menschen hinter der der Marke sehen. Nutze aber unbedingt deinen Unternehmensnamen für deinen Business-Account.

Möchtest du in einem Instagram-Beitrag einen Link posten, zum Beispiel auf deine Praxis-Website, ist dieser nicht klickbar. User müssen den Link kopieren und in einem neuen Tab ihres Browsers öffnen. Möglich ist es, einen Link zu deiner Seite in deinem Unternehmens-Profil zu hinterlegen, den du nach Bedarf – wenn du etwa auf einen Blog-Beitrag aufmerksam machen möchtest – ändern kannst. Dein Post sollte dann den Zusatz „Link in Bio" beinhalten. „Bio" steht hier für dein Instagram-Profil. Wenn du Ads schaltest, kannst du einen klickbaren Link in der Anzeige hinterlegen.

Kurz zusammengefasst: Wenn du die Ästhetik schöner Bilder schätzt, über hochwertiges Bildmaterial verfügst und deine Zielgruppe – tendenziell etwas jünger und weiblicher – passt, kann Instagram das soziale Netzwerk deiner Wahl sein und du nutzt es eventuell parallel zu Facebook, das dir mehr Funktionalitäten bietet.

7.8. YOUTUBE – FÜR VIDEO-BEGEISTERTE

Das erste Youtube-Video wurde am 23. August 2005 hochgeladen. Am 9. Oktober wurde bekannt, dass Google das Netzwerk kaufen wird. Youtube erfreut sich einer riesigen Zahl von aktuell knapp zwei Milliarden monatlich aktiven Nutzern. Es ist nach Facebook das größte und beliebteste soziale Netzwerk. Auch als Suchmaschine erfreut sich Youtube großer Beliebtheit und landet gleich nach Google weltweit auf Platz 2. Dazu nachfolgend wieder ein paar Zahlen und Fakten:

- In Deutschland nutzen wohl rund 60 Millionen Personen Youtube. Das ist bei einer Einwohnerzahl von 83 Millionen ein Prozentsatz von 72 Prozent.

- Jeden Tag werden weltweit über 1 Milliarde Stunden an Youtube-Videos angesehen, mehr als auf Netflix und Facebook zusammen.

- Bis 2025 werden die Hälfte der Nutzer unter 32 Jahren kein bezahlpflichtiges TV-Abo besitzen.

- In einem durchschnittlichen Monat sehen sich 80 Prozent der 18- bis 49-Jährigen Videos auf Youtube an, während 90 Prozent der 18- bis 24-Jährigen aus den USA Youtube nutzen. Doch die Nutzung ist auch bei der Zielgruppe 50 plus enorm.

- 2015 verbrachten die 18- bis 49-Jährigen 4 Prozent weniger Zeit vor dem Fernseher, während die verbrachte Zeit auf Youtube um 74 Prozent anstieg.

- Allein auf mobilen Endgeräten erreicht Youtube mehr 18- bis 49-Jährige als Nachrichtensender und Kabelfernsehen.

- Nutzer können auf Youtube zwischen 80 verschiedenen Sprachen navigieren, damit deckt das Netzwerk – sprachlich gesehen - 95 Prozent der weltweiten Online-Bevölkerung ab.

- Die Plattform steht in über 91 Ländern zur Verfügung.

- Ryan, besser bekannt als „Ryan's World“ ist der bestverdienende Youtuber. Er hat über 25 Millionen Abonnenten und nahm im Jahr 2018 satte 22 Millionen Dollar ein. Allein sein Erklär-Video für Kinder „How Tsunamis are formed“ erhielt weltweit über 19 Millionen Aufrufe.

Das sind auf jeden Fall beeindruckende Zahlen, aus denen wir schließen, dass Videos Menschen begeistern, ob in Form von Musik, Tutorials, Interviews oder Filmen – noch dazu, wenn es, wie auf Youtube, ein kostenloses Vergnügen ist. Zu beachten dabei ist, dass es wichtig ist, die Plattform in Verbindung mit einem zusätzlichen reichweitenstarken Social Network – beispielsweise Facebook – zu nutzen, um Reichweite zu generieren. Youtube-Videos lassen sich zudem ganz einfach auf deiner Website einbetten, mache bitte regen Gebrauch davon.

Bevor du dich jedoch entscheidest, einen eigenen Youtube-Kanal aufzusetzen, solltest du dich zunächst fragen, ob dir das Format liegt. Stehst du wirklich gerne vor der Kamera oder ist dir das doch eher zu nah? Bist du bereit, Zeit in die Produktion von Videos zu stecken? Da Youtube auch eine Suchmaschine ist, musst du unter anderem auch sorgfältig bei der Wahl deiner Keywords vorgehen, um gefunden zu werden. Ist das für dich machbar?

Um einen Youtube-Kanal aufzusetzen, brauchst du ein kostenloses Google-Konto. In Kapitel 8 erklären wir dir, wie du dabei vorgehen musst. Es ist völlig unkompliziert.

Anschließend kannst du bei Youtube einen sogenannten Brand-Kanal erstellen, also einen Kanal für dein Unternehmern. Du kannst den Kanal mit beschreibenden und visuellen Elementen deinem Branding anpassen. Das Ganze ist eigentlich ziemlich selbsterklärend. Youtube beziehungsweise Google halten für Kanalbetreiber viele attraktive Ressourcen wie Bildergalerien oder Werkzeuge zur Bildbearbeitung bereit.

Gib unter dem Punkt „Kanalinfo" den Link zu deiner Homepage und deine Kontaktdaten an. Insgesamt kannst du fünf Links hinterlegen, beispielsweise neben deiner Website auch einen Link zu deinem Facebook- oder Xing-Profil. Ganz wichtig ist es auch, in dieser Rubrik Stichwörter anzugeben, die deinen Kanal beschreiben, damit du über die Youtube-Suche auch gefunden wirst.

Wie bereits dargelegt, ist Youtube auch eine Suchmaschine, deshalb solltest du die Suchbegriffe für deine Kanalinformationen, aber auch für die einzelnen Videos sorgfältig wählen. Achte insbesondere auf einen klaren, ansprechenden und gleichzeitig präzisen Titel. Die Videobeschreibung sollte nicht länger als 1000 Zeichen sein. Beachte dabei, dass Youtube in der Standardansicht dabei nur die ersten 100 Wörter anzeigt. Will der User mehr erfahren, muss er auf „mehr ansehen" klicken. Für dich bedeutet das, dass du das Wichtigste in ca. zwei kurzen Sätzen zusammenfassen solltest.

Fazit: Wenn dich Videoformate begeistern, dann ist Youtube bestimmt der richtige Kanal für dich, den du – wie schon erwähnt – mit einem anderen reichweitenstarken Social Network kombinieren solltest.

7.9 XING UND LINKEDIN – DIE BERUFSPORTALE

Auch als Therapeut und Heilpraktiker kann es sinnvoll sein, auf einem beruflichen Netzwerk präsent zu sein. Sowohl Xing als auch Linkedin bieten kostenlose Basis-Accounts an, mit denen sich schon eine Menge machen lässt. Die Grundidee ist es, sich auf beruflicher Ebene mit anderen zu vernetzen und gleichzeitig seine Expertise zu zeigen. Das funktioniert zum einen über dein Profil. Hier kannst du neben deinem Lebenslauf auch Links zu Auszeichnungen, Fortbildungen und vieles mehr hinterlegen.

Auch auf deine Website und andere Social Media-Kanäle kannst du verweisen. In deinen Statusmeldungen kannst du auf interessante Artikel, Studien etc. verweisen und deine Expertise zu zeigen.

Auf beiden Netzwerken gibt es zudem die Möglichkeit, fachlich passenden Gruppen beizutreten, um sich dort lebhaft auszutauschen und zu diskutieren. Du findest dort auch interessante Fachveranstaltungen, die du besuchen kannst, um dich auch „offline" zu vernetzen.

Bei beiden Netzwerken werden Therapeuten und Heilpraktiker garantiert fündig.

Xing ist mit seinem 19 Millionen Nutzern stark auf den Bereich DACH (Deutschland-Österreich-Schweiz) fokussiert, Linkedin ist eher international ausgerichtet. Im DACH-Raum nutzen über 15 Millionen Menschen Linkedin – Tendenz steigend, weltweit sind es 690 Millionen.

34 Prozent der Xing-Mitglieder in der Region DACH sind in Unternehmen mit maximal 50 Mitarbeitern beschäftigt, nur 21 Prozent in Großunternehmen mit mehr als 5.000 Beschäftigten. Bei LinkedIn ist die Gewichtung mit 22 Prozent zu 37 Prozent genau umgekehrt. Beide Netzwerke unterschieden sich also sehr wohl bei Konzernen (pro LinkedIn) und Kleinunternehmen (pro Xing). Bei Kleinunternehmen hat Xing also die Nase vorn, bei Konzernen LinkedIn.

Die Erstellung eines Kontos ist bei beiden Netzwerken sehr unkompliziert. Vielleicht testet du einfach mal die kostenlose Basisversionen, um herauszufinden, wie das Networking dort für dich funktioniert.

7.10 WIE DU SOUVERÄN MIT NEGATIVER KRITIK UMGEHST

Egal ob auf Facebook oder Youtube – wenn du als Heilpraktiker und Therapeut in den Sozialen Medien unterwegs bist, kann es sein, dass du mit dem einen oder anderen deiner Beiträge negative Kommentare erntest oder dich im schlimmsten Fall mit einem Shitstorm konfrontiert siehst. Nachfolgend möchten wir dir fünf Tipps an die Hand geben, um gelassen mit Kritik im Netz umzugehen.

1. Einfach ignorieren: der Aufmerksamkeits-Hascher

Dieser Typ User leidet anscheinend an einem Aufmerksamkeits- und Zuwendungsdefizit. Das versucht er durch gezielt gesetzte, negative Kommentare auszugleichen. Meist reden solche Menschen einfach alles nur schlecht und sind dabei wenig konstruktiv. Auch wenn du dich noch so sehr ärgerst, die Kritik richtet sich nicht persönlich gegen dich, sondern geschieht, um generell Frust abzulassen. Deshalb empfehlen wir, in diesem Fall gar nicht zu reagieren, denn eine konstruktive Diskussion wird hier nicht entstehen und mit Retourkutschen schadest du nur deiner eigenen Reputation. Sollte sich allerdings ein User permanent in dieser Form auf deiner Seite äußern, überlege, ob du ihn nicht vom Zugang zu deiner Seite ausschließt.

2. Löschen und Blockieren: krasse Beleidigungen oder gar Drohungen

Personen, die ganz klar beleidigende, diskriminierende, pornografische oder bedrohliche Kommentare bei dir hinterlassen, solltest du in jedem Fall blockieren. Erstelle jedoch zuvor einen Screenshot des Kommentars. Dies ist hilfreich, wenn du eine solche „Interaktion" bei Youtube oder Facebook melden oder gar – in schweren Fällen – Anzeige erstatten möchtest.

3. Überlegen: Ist die Kritik vielleicht ein Stück weit berechtigt?

Bei allem verständlichen Ärger bitten wir dich dennoch, zu überlegen, ob an einem kritischen Kommentar nicht doch „ein bisschen was dran" sein könnte. Frage einfach höflich nach, wie diese und jene Anmerkung gemeint war und forsche nach den Gründen, warum dein Beitrag einen (oder, wie bei einem Shitstorm, gar mehrere User) verärgert hat. Daraus kann ein sachlicher Dialog entstehen, der für dich wichtiges Feedback beinhaltet und womöglich auch zu einer lebhaften Diskussion mit vielen Interaktionen unter deinen Followern führt.

4. Eingestehen: Wenn tatsächlich ein Fehler vorliegt

Angenommen, dir ist tatsächlich ein Irrtum unterlaufen, weil du beispielsweise eine Information auf deinem Facebook-Account geteilt hast, die nachweislich nicht richtig war. Auch wenn jemand mit einem nicht wirklich freundlichen Kommentar darauf reagiert, solltest du deinen Fehler eingestehen und dich für die Richtigstellung bedanken. Damit zeigst du Souveränität und Professionalität, was deinen Kritikern einerseits ein Stück weit den Wind aus den Segeln nimmt, und andererseits deinen Followern einen positiven Eindruck von dir vermittelt beziehungsweise diesen verstärkt.

5. Lösungen anbieten: Wenn die Kritik von einem unzufriedenen (Ex-) Klienten kommt

Stellt sich heraus, dass die Kritik an deinem Social Media-Post daher rührt, weil ein (ehemaliger) Patient mit seiner Behandlung bei dir unzufrieden war und er einfach seinen Unmut darüber durch negative Kommentare auf Facebook kundtut (statt im persönlichen Gespräch mit dir), sind Lösungen gefragt. Teile ihm mit, dass du für die Verärgerung Verständnis hast und dich gerne zur Klärung persönlich austauschen möchtest. Findet sich eine Einigung, ist es gut möglich, dass sich der User auch auf deiner Seite bei dir dafür bedankt und seiner Zufriedenheit Ausdruck verleiht. Dann wäre aus einem negativen Kommentar am Ende etwas Positives entstanden, was dein Standing bei deinen Followern stärkt.

Damit möchten wir das Kapitel Social Media abschließen. In Kapitel 8 erhältst du von uns zahlreiche Tipps, um deine Sichtbarkeit im Netz zu steigern.

8.

WAS DEINER SICHTBARKEIT IM WEG STEHT UND NOCH MEHR TIPPS, WIE DU SIE STEIGERN KANNST

Das Thema Sichtbarkeit ist für dich als selbstständiger Unternehmer ein wesentlicher Faktor. Denn wie soll deine Praxis gedeihen, wenn du dich nicht zeigst? Wie sollen Klienten von deiner Expertise und deinem Können erfahren, wenn du damit nicht nach draußen gehst und zum Beispiel deine Workshops nicht öffentlich bekannt machst? Dein finanzieller Erfolg wächst mit der Anzahl deiner Patienten und die findest du nicht nur im engsten Freundes- und Bekanntenkreis und durch Empfehlungen, sondern vor allem durch deine Sichtbarkeit. Deshalb werden wir in diesem Kapitel zunächst auf die Faktoren eingehen, die deiner Sichtbarkeit im Weg stehen. Anschließend geben wir dir zahlreiche Tipps, wie du sichtbarer wirst – analog und im Netz.

8.1 SICH NICHT ZEIGEN WOLLEN

Immer wieder begegnen wir hoch kompetenten Heilpraktikern und Therapeuten, die sich davor scheuen, sichtbar zu sein und ihr Können in die Welt zu bringen. Eine große Rolle spielt dabei die Angst vor Abwertung. Hierzu möchten wir ein wenig Ursachenforschung betreiben. Im Wesentlichen spielen dabei zwei Faktoren eine Rolle.

Die Angst vor Abwertung und ihre Ursachen

Viele Menschen haben in ihrer Schulzeit Abwertung erfahren, weil sie beispielsweise auf eine Frage keine Antwort wussten und der Lehrer sie dafür vor der gesamten Klasse verspottet hat. Solche Erfahrungen hinterlassen Narben und können eine der Ursachen dafür sein, warum man auch als Erwachsener wenig Neigung hat, sich zu zeigen.

Hinzu kommt bei Menschen in alternativen Heilberufen häufig ein Mangel an Selbstwertgefühl, der sich vor allem aus folgenden beiden Quellen speist:

1. Ich habe nicht studiert – mich nimmt doch niemand ernst

Gerade gegenüber Ärzten und Psychologen verspüren Heilpraktiker und Therapeuten häufig ein Minderwertigkeitsgefühl. Im Vergleich zu einem jahrelangen Medizin- oder Psychologiestudium (das man auch nur mit einem Spitzen-Notendurchschnitt antreten darf) ist die Ausbildung zum Heilpraktiker für Psychotherapie eher kurz und steht nahezu jedem offen. Auch in der Gesellschaft werden alternative Heilberufe gerne mal belächelt und als eine Art "Selbstverwirklichungstrip für gelangweilte Hausfrauen" gesehen.

2. Ich mache Energiearbeit, arbeite mit Astrologie oder lege Karten – das nimmt doch keiner ernst

Besondere Scheu vor Sichtbarkeit haben oft Kollegen, die in ihr Behandlungsangebot auch sogenannte "esoterische" Verfahren – wie Kartenlegen, Energiearbeit oder die Arbeit mit Horoskopen aufgenommen haben. Gerade in diesen Bereichen gibt es dubiose Anbieter, mit denen sie nicht gerne in einen Topf geworfen werden wollen. Du solltest dir dabei aber stets vor Augen führen: Es gibt genug potenzielle Klienten, für die gerade diese Verfahren hilfreich sind und die auf der Suche nach jemandem sind, der sie ernsthaft und mit fundiertem Wissen ausübt.

Unser Tipp: Such dir Unterstützung, wenn es dir schwerfällt, dich zu zeigen

Wenn Sichtbarkeit für dich ein Problem ist, du aber von deiner Berufung, sprich von deiner Praxis, leben willst, musst du dich früher oder später damit auseinandersetzen. Buche zum Beispiel ein paar Hypnosesitzungen bei einem Kollegen, dem du vertraust und spüre den Ursachen für deine Blockade nach, um sie anschließend aufzulösen. Und dann zeig dich

Auch wenn du mit Engelskarten, Klangschalentherapie oder sonstigen energetischen Verfahren arbeitest. Geh damit nach draußen, mach dich und deine Arbeit bekannt. Jeder neue Klient, den du erfolgreich behandelt hast und jedes ausgebuchte Seminar sind große Erfolge, die dich stärker und im Umgang mit Zweiflern gelassener machen.

8.2 WARUM MANCHE THERAPEUTEN UND HEILPRAKTIKER NIE ANFANGEN

Während der Ausbildung träumen viele künftige Therapeuten und Heilpraktiker von einer eigenen Praxis. Sie stellen sich vor, wie es sein wird, Patienten auf ihrem Weg zur Genesung zu begleiten. Doch kurz nach der bestandenen Prüfung, wenn es darum geht, den Schritt in die Selbstständigkeit zu wagen, tritt plötzlich das große Zögern ein. Was können die Gründe dafür sein und stehst auch du vor dieser Herausforderung?

Bin ich wirklich schon so weit?

Nachdem die erste Euphorie verflogen ist, schleichen sich langsam aber häufig leise Zweifel ein. Viele „frisch gebackene" Therapeuten und Heilpraktiker fragen sich dann: Kann ich wirklich schon mit „echten" Klienten arbeiten? Sollte ich nicht doch noch die eine und andere Fortbildung machen, um mein Wissen zu vertiefen? Müssen Ärzte nicht ein langes Studium absolvieren, um zu praktizieren? Und so kommt es, dass sich eine Weiterbildung an die nächste reiht, dass zahlreiche neue Kenntnisse erworben werden – allein die Umsetzung in der Praxis fehlt, trotz fundierter Ausbildung.

Wie soll ich das alles bezahlen?

Praxisräume mieten und ausstatten, Logo und Flyer designen und betexten lassen, die Kosten für eine Praxis-Homepage aufbringen – das alles geht ins Geld. Häufig stehen finanzielle Gründe dem Schritt in die Selbstständigkeit am stärksten im Weg. Vor allem die Angst, nicht von seiner Arbeit leben zu können, ist groß. Was, wenn keine Patienten kommen? Wie soll ich dann finanziell über die Runden kommen? Auf viele dieser Fragen sind wir in den vorangegangenen Kapiteln bereits eingegangen.

Hier geht es darum, dass alle diese Sorgen nicht selten dazu führen, dass Heilpraktiker und Therapeuten am Ende doch in ihrem ursprünglichen Job verharren, der ihnen zwar Sicherheit, aber keine Erfüllung gibt. All das während der Ausbildung erworbene Können wird dann vielleicht hobbymäßig im Familien- oder Bekanntenkreis ausgeübt. Schade um so viel Talent und auch Energie, die deshalb nicht in die Welt kommt.

Woher soll ich die Zeit nehmen?

Neben dem finanziellen Aspekt spielt auch der Faktor „Zeit" eine große Rolle. Du hast Familie und Kinder oder bist womöglich alleinerziehend – wie sollst du da Zeit für eine eigene Praxis haben? Noch dazu, wenn du erst einmal noch auf deinen 40-Stunden-Job angewiesen bist? Hier kommt die Angst vor Überforderung ins Spiel, die sich wie ein riesiger Berg vor einem aufzutürmen scheint und die jede Initiative lähmt.

Was kannst du in so einem Fall tun?

Schritt 1: Ordne das Angst-Chaos in deinem Kopf

All die obengenannten Befürchtungen und Ängste können so überwältigend sein, dass keine Energie mehr zum Handeln bleibt. Um nicht in diesem sich schnell drehenden Gedanken-Karussell gefangen zu bleiben, hilft es schon einmal, auf einem Flipchart all die Fragen und Ängste zu notieren, die dir ständig durch den Kopf gehen. Unterteile dabei die Notizen in verschiedene Bereiche, zum Beispiel „Finanzen", „Keine Zeit" und „Bin ich schon gut genug in meinem Bereich?" So erwächst aus dem Chaos eine erste Struktur und es verliert ein Stück weit an Bedrohlichkeit.

Schritt 2: Hol dir Hilfe

Führe dir vor Augen, dass du nicht alles alleine bewältigen musst. Schau dir dein Flipchart noch einmal an und vermerke, bei welchen Punkten du Hilfe gebrauchen könntest. Überlege anschließend, ob du nicht einen Kollegen kennst, der bereits da steht, wo du hin möchtest und der dich gerne mit wertvollen Tipps aus der eigenen Praxis unterstützt. Oder du gönnst dir ein professionelles Coaching.

Nachfolgend möchten wir dir noch einiges an Tipps an die Hand geben, wie du deine Sichtbarkeit on- und offline erhöhen kannst.

8.3 WIE DU DEINE SICHTBARKEIT VOR ORT ERHÖHST

Da die meisten deiner Klienten aus deiner näheren Umgebung kommen dürften, empfehlen sich Maßnahmen, die deine Bekanntheit vor Ort steigern. Wir sind bereits an anderer Stelle darauf eingegangen, wie du dich mit Vorträgen als Experte profilieren kannst. Auch die Themen „Flyer verteilen“ oder „Tag der offenen Tür in deiner Praxis“ haben wir kurz gestreift. Es gibt aber noch mehr lokale Maßnahmen, die deine Sichtbarkeit erhöhen.

1. Gib potenziellen Klienten die Chance, dich kennenzulernen

Versetze dich in die Lage eines Menschen, der auf der Suche nach Hilfe ist, weil er mit körperlichen oder seelischen Beschwerden zu kämpfen hat und dabei auf deiner Praxis-Homepage landet. Bei Interesse wird er einen Termin zu einem Anamnesegespräch vereinbaren, das in der Regel mehr als 100 Euro kostet. Könnte es nicht sein, dass jemand weniger Scheu hat, sich bei dir zu melden, wenn er die Möglichkeit hat, dich in einem kostenlosen 15- bis 30-minütigem Telefonat kennenzulernen, bevor er – seiner Meinung nach – viel Geld in eine Behandlung investiert? Weiterer Vorteil, auch für dich: Beide Seiten können schauen, ob die „Chemie” stimmt und ob dein Therapiekonzept für den potenziellen Patienten passt.

2. Zeige in Mini-Workshops interessierten Teilnehmern, was du drauf hast

Du möchtest gerne Menschen ansprechen, die nicht zu deinem Klienten-, Freundes- oder Familienkreis gehören? Dann sind Mini-Workshops eine feine

Sache. Überlege dir, welcher Teilaspekt deiner Arbeit sich für ein kleines Seminar eignet und Menschen ansprechen könnte, die dich bislang nicht kennen. Biete zum Beispiel Entspannungsübungen zur Stressreduktion an oder lade zu einer Klangreise ein. Sorge dafür, dass deine Teilnehmer mit einer für sie wertvollen Erfahrung nach Hause gehen – so werden aus Interessenten womöglich neue Klienten.

Wenn du eine Seite bei Facebook hast, erstelle dort eine öffentliche Veranstaltung, um eine hohe Reichweite für dein Mini-Seminar zu erzielen und um einfach mal ein neues Publikum anzusprechen.

Übrigens muss eine solche Veranstaltung auch für dich nicht teuer sein. Du kannst den Workshop in deiner Praxis abhalten und so die Miete für eine externe Location sparen. Kaffee, Tee und Erfrischungsgetränke kosten nicht die Welt, und wie wäre es mit etwas Obst als Snack zwischendurch oder mit einer leckeren Suppe für die längere Pause? Du musst keinen Riesenaufwand betreiben, damit die Menschen das Gefühl haben, sie hätten für kleines Geld viel bekommen.

In Kapitel 10 erfährst du mehr darüber, wie du Workshops – ob klein oder groß – planst, umsetzt und bewirbst.

3. Schalte Anzeigen in lokalen Zeitungen

Regionale Tageszeitungen und Wochenblätter haben immer noch eine hohe Akzeptanz. Gerade vor der Eröffnung deiner Praxis oder bei besonderen Anlässen, wie einem Tag der offenen Tür, raten wir dir, dort eine Anzeige zu schalten. Je nach Zielgruppe kannst du auch Anzeigen in den örtlichen Vereins- oder Kirchenzeitungen veröffentlichen. Vor allem, wenn du deine Praxis neu eröffnest, bietet sich ein Inserat geradezu an.

Selbst bei kleinen Lokalblättern gibt es häufig die Möglichkeit, die Anzeige online zu buchen und auch aufzugeben. Das ist äußerst unkompliziert und geht wirklich schnell. Achte dabei darauf, dass du die passende Rubrik auswählst.

Im Anzeigenbereich findest du dort auch die sogenannten „Mediadaten“, denen du die Erscheinungsdaten der Ausgaben, die Termine für die Anlieferung deiner Anzeigendaten (wenn nicht bereits bei Buchung online übermittelt) und den Anzeigenpreis entnehmen kannst.

Die Anzeige selbst sollte etwa folgende Angaben enthalten, bleiben wir kurz beim Anlass Praxiseröffnung:

Praxis-Neueröffnung und Tag der offenen Tür am TT.MM.JJJJ, 15.00 - 18.00 Uhr

Erika Mustermann
Heilpraktikerin für Psychotherapie
Hypnosetherapeutin

Rauchentwöhnung, Stress- und Gewichtsreduktion
Musterstr. 11

111111 Musterstadt

Telefon: 2222-2222222

Email: kontakt@heilpraktikerpraxis-mustermann
Website: www.heilpraktikerpraxis-mustermann.de

Herzlich lade ich Sie zum Tag der offenen Tür in meine neu eröffnete Praxis ein und freue mich auf Ihren Besuch.

4. Versende Pressemeldungen

Es gibt noch eine andere Möglichkeit, auf deine Praxis-Veranstaltungen hinzuweisen. Indem du eine Pressemeldung an die Redaktion schickst. Rufe dazu erst einmal bei der Lokalzeitung an und frage, welcher Redakteur beispielsweise das Thema Gesundheit betreut. Vielleicht ist der Mitarbeiter an der Telefonzentrale so nett und verbindet dich gleich mit dem entsprechenden Kollegen, dem du dann deine Meldung direkt zumailen kannst. Bei kleinen lokalen Blättern lässt sich das ein oder andere Anliegen noch mit einem Telefonat klären. Das ist bei großen, überregionalen Zeitungen nahezu unmöglich.

Wie du eine Pressemeldung verfasst und welche Online-Presseportale für dich wichtig sind, erfährst du in einem der nächsten Abschnitte.

5. Reiche Fachartikel ein

Ob Verbands-, Fachzeitschriften, Gesundheitsportale oder Gastbeiträge in Blogs – Artikel von Experten zu relevanten Themen sind immer gefragt. Wenn du beispielsweise eine Menge Blogbeiträge zu einem Thema hast, solltest du überlegen, ob du dein Wissen nicht in einem Fachartikel zusammenführen willst und den Artikel dann zur Veröffentlichung einreichst.

Du hast in diesem Buch schon eine Menge Wissenswertes über das Verfassen von Texten erfahren, das Gleiche gilt auch für Fachartikel.

Folgende Überlegungen solltest du anstellen, bevor du mit dem Schreiben loslegst:

- Für welches Medium schreibst du? Welche Zielgruppe ist dort vertreten? Ist die Tonalität lockerer oder sehr wissenschaftlich?

- Eine Herangehensweise bei Fachartikeln ist, dass du eine These aufstellst, die du dann mit Quellen und eigenen empirischen Ergebnissen untermauerst.

- Bei Online-Fachartikeln dominiert hingegen meist der Wunsch nach Mehrwert durch Antworten auf interessante Fragen, die sich deine Zielgruppe stellt. Sehr wahrscheinlich wirst du einen Fachartikel eher in dieser Form verfassen, da du als Experte genau weißt, zu welchem Thema und auf welche Fragen deine Klienten unbedingt Antworten haben möchten.

1. Besuche Fachmessen, Kongresse und Netzwerktreffen

Persönliche Kontakte sind für dich als Therapeut und Heilpraktiker immens wichtig. Deswegen empfehlen wir regelmäßige Besuche von Fachmessen, Kongressen und Netzwerktreffen. Pack genügend Visitenkarten und Praxisflyer ein, die du überreichst, wenn sich die Gelegenheit zu einem persönlichen Gespräch ergibt. Vielleicht bietet dir ein Messe-Aussteller sogar an, dass er einen Teil deiner Flyer an seinem Stand auslegt. Besuche die Vorträge dort und – wenn du nicht schüchtern bist – stelle im Anschluss Fragen. Damit kannst du sehr gut Aufmerksamkeit wecken.

Was gibt es da so alles im Angebot? Ein Blick auf messeinfo.de genügt und du siehst auf einen Blick, welche relevanten Messen für Heilpraktiker in deiner Region stattfinden. Auf heilpraktiker.org kannst du dich zum Thema Kongresse für Angehörige in alternativen Heilberufen auf dem Laufenden halten.

Wenn du auf Xing unterwegs bist, kannst du lokalen Gruppen beitreten, die regelmäßig Netzwerktreffen abhalten. Eventuell kannst du bei einer solchen Veranstaltung auch einen Vortrag halten oder an einer Podiumsdiskussion teilnehmen. Mache zuvor schon auf dich aufmerksam, indem du online auf Xing immer mal wieder relevante Beiträge postest oder auf interessante Artikel verlinkst.

Wenn du einmal über den Tellerrand gucken möchtest, besuche doch einfach eine Marketing-Messe wie die „Sales" in München. Kauf dir für ca. 15 Euro ein Tagesticket und hör dir Vorträge zu spannenden Themen in den Bereichen Werbung, Verkauf oder Digitalisierung an.

8.4 WIE DU DEINE ONLINE-REICHWEITE WEITER STEIGERN KANNST

Zum Thema Online-Sichtbarkeit hast du in diesem Buch schon eine Menge erfahren. Aber wir haben da noch einige Tipps mehr für dich auf Lager.

1. Pressemeldungen verfassen und auf Online-Portalen zur Verfügung stellen

Mit einer Pressemitteilung kannst du Redaktionen der verschiedensten Medien informieren, wenn es bei dir Neuigkeiten gibt, sei es deine Praxiseröffnung oder Vorträge, die du hältst.

Folgendes musst du beim Verfassen einer Pressemeldung beachten, egal ob für Online oder Print:

- Der Inhalt deiner Pressemitteilung sollte sich auf die großen W´s beschränken (Wer? Was? Wo? Wann? Warum? Wie?).
- Die optimale Länge beträgt ca. 300 bis 500 Wörter (entspricht ca. 2000 bis 3500 Zeichen)

- Sehr wichtig: kurze verständliche Setze, neutrale Tonalität, null werbliche Aussage.

Wie du bei Printmedien vorgehst, haben wir ja schon in Abschnitt drei behandelt. Wie sieht das online aus?

Das größte Online-Portal ist openpr.de. Hier kannst du dich kostenlos registrieren und deine Meldung in der passenden Rubrik und zugleich lokal einstellen. Gegen einen Aufpreis kannst du dort auch einen Presseverteiler buchen, so dass deine Mitteilung Redaktionen gezielt erreicht.

Ein weiterer Vorteil einer Veröffentlichung auf Online-Portalen: Sobald deine Pressemitteilung online ist, siehst du sofort, wie oft sie abgerufen wurde.

Weitere große Portale sind online-artikel.de oder fair-news. Stell auf jeden Fall deine Meldung auf mehreren Portalen ein.

Auch beim Bund deutscher Heilpraktiker e.V. kannst du Pressemitteilungen einreichen.

1. Wie du deinen Content mehrfach verwertest

„Content is king" schrieb Bill Gates schon 1996 in einem Essay. Das gilt erst recht heutzutage im Zeitalter des Content Marketing Hypes. Doch woher dauernd begeisternde, hochwertige und informative Inhalte nehmen? Auch dazu haben wir einige Tipps für dich auf Lager:

Am Anfang war der Podcast

Nehmen wir an, du hast einen Podcast zu einem spannenden Thema erstellt und ihn beispielsweise auf iTunes hochgeladen. Wenn du ihn gleichzeitig als Video aufzeichnest, hast du schon wunderbares Material für deinen Youtube-Kanal. Wenn du es in mehrere kleine Sequenzen schneidest, kannst du diese Kurz-Videos nach und nach auch bei Facebook posten.

Wusstest du, dass es bei Youtube die Funktion „Transkript öffnen" gibt? Das bedeutet, dass Youtube automatisch ein Skript deines Videos erstellt. Dieses Textskript beziehungsweise Auszüge daraus kannst du für die Erstellung von

Newslettern, Blogartikeln oder für eine Serie kurzer Facebook-Posts verwenden.

Wichtig bei der Mehrfachverwertung ist es, den Inhalt nicht 1 : 1 auf allen möglichen Plattformen zu verwerten, sondern die Inhalte entsprechend den jeweiligen Kanälen anzupassen. User könnten schnell genervt sein, wenn ihnen auf Facebook, Youtube und Twitter ein- und derselbe Beitrag von dir begegnet

Weitere Tipps für das "Recyceln" von bereits vorhandenem Content

- Ältere Blogbeiträge aktualisieren und neu veröffentlichen
  Schau dir mal deine Blogbeiträge an, die schon etwas älter sind. Eventuell kannst du den einen oder anderen Artikel aktualisieren, mit neuem Zahlenmaterial füttern oder eine Infografik einfügen und anschließend neu veröffentlichen. Wir raten dir, den Beitrag mit der Anmerkung „aktualisierte Fassung" zu kennzeichnen. So sind gerade deine treuen Leser, die den Artikel vermutlich bereits kennen, informiert.

- Beiträge zusammen fassen und zum Download bereitstellen
  Du hast mehrere interessante Beiträge zu einem Thema veröffentlicht? Dann fass sie doch in einer PDF-Datei zusammen und stell sie den Besuchern deiner Website als kostenloses Whitepaper zum Download zur Verfügung. Die User freuen sich und du kannst dein Expertentum unter Beweis stellen.

- Mach aus deinen Artikeln einen E-Mail-Kurs
  Anstelle eines Whitepapers kannst du bereits bestehenden Content auch dazu nutzen, daraus ein Online-Seminar oder ein E-Mail-Seminar zu entwickeln, das für Interessierte einen Mehrwert darstellt und ebenfalls deine Expertise aufzeigt. Wie du ein Online-Seminar planst und durchführst, erklären wir dir in Kapitel 10.

- Schreibe Gastartikel auf Basis bestehender Inhalte
  Wenn du um einen Gastbeitrag gebeten wirst, kannst du diesen selbstverständlich auf Basis bereits bestehender Inhalte formulieren. Den Artikel musst du natürlich neu erstellen, aber du kannst natürlich das Wissen, das in deinen älteren Beiträgen steckt, nutzen.

- Nutze deine Inhalte für Mindmaps, Infografiken oder Memes
  Ein knackiger Satz und dazu eine Infografik – solche Posts sind auf Social Media sehr beliebt, auch witzige Memes oder Mindmaps kommen gut an und erfreuen sich großer Beliebtheit. Schau einfach, welche deiner Inhalte sich dafür gut eignen.

2. Unser Netzwerktipp: führe Interviews

Wenn du um ein Interview gebeten wirst, ist das eine gute Chance, deine Sichtbarkeit zu erhöhen. Aber wie wäre es, wenn du selbst Menschen aus alternativen Heilberufen interviewst, die Experten ihres Fachs sind? Nachfolgend erfährst du, warum du damit deine eigene Sichtbarkeit und deine Reichweite steigern kannst.

Nehmen wir an, du bist auf einer Fachveranstaltung und lernst tolle Kollegen mit großer Expertise kennen. Wäre es nicht spannend, sie zum Beispiel zu aktuellen Themen zu befragen? Was dir das bringen soll, fragst du dich? Wir sehen da so einige Vorteile:

- Du bist im regen Austausch, lernst neue Perspektiven kennen und vernetzt dich mit Fachleuten. Das bietet die große Chance, dass ihr euch gegenseitig empfehlen könnt. Gleichzeitig kannst du mit den Interviews deine Reputation im Netz stärken.

- Biete beispielsweise die Interviews als Podcast an oder lade sie als Video auf Youtube hoch und verweise darauf mit Social Media Posts (am besten mit einem kleinen Teaser-Video, das neugierig macht). Die interviewten Kollegen werden deinen Beitrag sicher begeistert auf Facebook & Co teilen, um Freunde und Follower darauf aufmerksam zu machen.

- Damit gewinnst du im besten Fall eine Vielzahl neuer Abonnenten auf deiner Facebook-Seite oder auf Youtube. Gleichzeitig wird die Anzahl der Besucher auf deiner Praxis-Homepage steigen. So erhöhst du deine Sichtbarkeit und gewinnst an Reichweite.

Denk dir ein Interview-Format aus

Hier hast du eine Vielzahl von Möglichkeiten (neben den oben erwähnten

Statements von Fachkollegen zu aktuellen Themen). Spontan fällt uns hierzu folgendes ein:

- Frag die Hypnosetherapeutin, warum Hypnose so erfolgreich bei der Raucherentwöhnung oder Gewichtsreduktion sein kann? Frag den Ernährungs-Berater, welche Lebensmittel den Blutdruck senken. So wird dein Youtube-Kanal zum Experten-Treffpunkt, der Usern viele relevante und nützliche Informationen und Tipps bietet.

- Vielleicht hast du ja Fragen, die dich intensiv beschäftigen und du möchtest gerne hierzu die Perspektive deiner Interviewpartner erfahren. Dann käme auch ein Format in Frage, wie „3 Fragen an ...". Die Fragen könnten zum Beispiel lauten: „Kopf oder Bauch? Wie triffst du Entscheidungen?" oder: „Hast du Angst davor, zu scheitern? Wie gehst du damit um?" In diesem Fall bietet dein Podcast oder dein Blog unterschiedliche Blickwinkel zu Themen, die zahlreiche Menschen betreffen und brennend interessieren.

4 Tipps, damit dein Interview gelingt

- Bereite deine Fragen gut vor und versetze dich in deine Zuschauer / Zuhörer / Leser. Welche Fragen würden sie deinem Interviewpartner stellen? Auf welche ihrer Probleme könnte dein Interviewpartner Antworten geben?

- Lass deinem Gesprächspartner die Fragen vorab zukommen, damit er sich ebenfalls vorbereiten kann. So entsteht ein guter Gesprächsfluss, der nicht andauernd von Nachdenkpausen unterbrochen wird.

- Du kannst den Interviews auch ein Motto geben wie beispielsweise „Auf eine Tasse Kaffee mit ...". Damit präsentierst du Fachthemen in einer lockeren Atmosphäre, in der sich dein interviewter Kollege, aber auch deine Zuschauer wohl fühlen.

- Verweise auf die Website deines Interview-Partners und informiere die User auch, wie und wo sie dich im Netz finden. So können Interessierte mehr über euch erfahren.

3. Starte deinen eigenen Podcast

In den vorgehenden Abschnitten war hin und wieder auch von Podcasts die Rede. Was ist das eigentlich? Warum du zum Podcaster werden solltest und wie du deinen eigenen Podcast erstellst - darauf wollen wir nachfolgend näher eingehen.

Unter einem Podcast versteht man einen Audio- oder Videobeitrag, den du auf verschiedenen Plattformen wie Spotify oder iTunes – hochladen kannst. Der Begriff setzt sich aus Pod (= play on demand) und cast (Abkürzung für Broadcast = Rundfunk) zusammen. Der Vorteil eines Podcasts gegenüber einem Rundfunkbeitrag besteht in der flexiblen Verfügbarkeit. Interessierte können sich deine Beiträge kostenlos und jederzeit und – dank Smartphone – auch überall anhören oder ansehen, ob unterwegs beim Bügeln oder beim Joggen.

Bei Gefallen können User deinen Podcast auch abonnieren und sind so über deine Beiträge immer auf dem Laufenden.

Podcasts erfreuen sich einer großen Beliebtheit. Ende 2019 nutzten ca. 4,5 Millionen Menschen in Deutschland dieses Medium, um sich neue Folgen anzuhören, Tendenz steigend. Allein bei Spotify wuchs Ende 2019 die Zahl gestreamter Podcast-Stunden um fast 40 Prozent.

Du siehst, von dir eingesprochene Fachbeiträge oder von dir geführte Interviews unterstreichen deine Expertise. Mit einem eigenen Podcast-Kanal kannst du zudem deine Bekanntheit im Netz steigern und die Bindung zu deiner Community stärken. Zudem lässt sich das Material prima mehrfach verwerten (siehe Absatz 2).

Auch hier gilt: Biete deiner Zielgruppe einen echten Mehrwert. Das funktioniert – wie bei allen anderen Formaten auch – am besten, wenn du für ein Thema richtig brennst. Du musst auch kein Sprech-Training absolvieren, um einen Podcast zu betreiben. Kleinere Verhaspler lassen sich ganz einfach vor der Veröffentlichung des Beitrags herausschneiden. Wichtig ist, dass du authentisch bist und sich deine Begeisterung für das Thema auf deine Hörer überträgt. Im Gegensatz zum geschriebenen Wort, bauen die User durch das Hören einer Stimme häufig schneller Vertrauen auf.

Wie erstellst du einen Podcast?

Du brauchst nicht viel und es ist auch nicht teuer: Neben deinem Laptop benötigst du ein Mikrofon mit Popschutz und Tischständer. Der Popschutz filtert die sogenannte Plosivlaute, wie zum Beispiel das „P“ und mindert so die „kleine akustische Explosion“, die bei deren Artikulation entsteht. Der Popschutz wird als Zubehör bei vielen Mikrofonen bereits mitgeliefert.

Zusätzlich brauchst du eine Software. Gerade bei Einsteigern ist die Gratis-Software Audacity sehr beliebt, Apple Nutzer haben die die Software GarageBand bereits ab Werk vorinstalliert.

Wichtig für die Aufnahme ist eine ruhige Umgebung, deshalb schließe am besten Türen und Fenster. Platziere das Mikro so, dass du im Sitzen bequem hineinsprechen kannst. Die optimale Entfernung liegt bei 20 bis 30 cm. Den Popschutz bringst du ungefähr 5 cm vor dem Mikro an. Jetzt musst du nur noch die Software starten, eine Tonspur anlegen und los geht's. Sprich als Anfänger erst einmal kleinere Sequenzen ein und stoppe die Aufnahme dann. Das kann dir einiges an Schneidearbeit ersparen. Notiere dir vor der Aufnahme Stichpunkte, wie du deinen Beitrag aufbauen möchtest. Damit hast du einen roten Faden, an dem du dich orientieren kannst.

Wenn die Aufzeichnung beendet ist, geht es an die Bearbeitung. Das ist nicht schwierig, denn Audacity bietet dir einiges an Möglichkeiten. Du kannst die Lautstärke anpassen, Tonspuren verschieben, um zum Beispiel Musik in deinen Beitrag einzubauen – was sich gerade für das Intro und Outro deines Beitrags empfiehlt. Youtube hat eine Audio-Bibliothek mit lizenzfreier Musik, die du deinem Podcast-Beitrag ganz einfach hinzufügen kannst.

Wie und wo du deinen Podcast-Beitrag veröffentlichst

Das Veröffentlichen deines Beitrags ist wirklich einfach. Du registrierst dich zum Beispiel auf soundcloud.com und erstellst ein kostenloses Konto. Lade den Podcast hoch, gib ihm einen knackigen Titel, wähle ein Genre und Suchbegriffe und verfasse einen kurzen Text über den Inhalt deines Beitrags. Dann gehst du auf „Speichern“ – fertig.

Wir empfehlen dir, deinen Podcast auf mehreren Kanälen hochzuladen, beispielsweise auf Spotify, iTunes oder Google Podcast. Deinen Video-Podcast lädst du am besten bei Youtube hoch, dort stehen dir for free unbegrenzt Kapazitäten zur Verfügung.

Du siehst, Podcasts liegen richtig im Trend und, wenn du Spaß daran findest, solltest du regelmäßig von dir hören lassen. Deine Community wird sich freuen.

9.

ZIELE FESTHALTEN, DEFINIEREN UND VISUALISIEREN

In diesem Buch haben wir immer wieder einmal das Thema Ziele angesprochen, beispielsweise welche Ziele du mit deiner Selbstständigkeit oder mit deiner Website verfolgst. Aber Ziele müssen regelmäßig hinterfragt und gegebenenfalls neu definiert werden. Wohin möchtest du dich persönlich und beruflich weiterentwickeln? Wo siehst du dich in ein, zwei oder fünf Jahren? In diesem Kapitel erfährst du, warum du deine Ziele schriftlich festhalten solltest, wie dir die SMART-Formel beim Definieren deiner Ziele helfen kann, und warum du Ziele in einem Vision Board visualisieren solltest.

9.1 WARUM DU DEINE ZIELE SCHRIFTLICH FESTHALTEN SOLLTEST

Warum erreichen manche Menschen scheinbar mühelos ihre Ziele und andere nicht?

Eine durch Studien belegte wissenschaftliche Erkenntnis lautet:

„WIR MÜSSEN UNSERE ZIELE EINFACH AUFSCHREIBEN."

Eine Langzeit-Studie der Harvard University aus dem Jahr 1979 hat ebenfalls gezeigt, welche enormen Auswirkungen es haben kann, wenn man seine Ziele aufschreibt.

Damals fragte man Studenten im MBA-Programm der Universität, ob sie klar formulierte Ziele für die Zukunft aufgeschrieben und einen Plan hätten, wie diese zu erreichen seien. 84 Prozent der Studenten gaben an, dass sie keine klaren Ziele für die Zukunft hätten. 13 Prozent sagten, dass sie zwar Ziele hätten, diese aber nicht schriftlich festhalten würden. Nur drei Prozent der Studenten hatten Ziele und Pläne tatsächlich aufgeschrieben. Zehn Jahre später wurde dieselbe Gruppe erneut befragt.

Dabei kam heraus, dass die drei Prozent der Studenten, die ihre Ziele schriftlich fixiert hatten, ein zehnmal höheres Einkommen vorweisen konnten als alle anderen Studenten. Die 13 Prozent der Studenten, die zumindest Pläne gemacht hatten, verdienten immerhin doppelt so viel wie die restlichen 84 Prozent.

Eine weitere Studie der Psychologin Gail Matthews an der Dominican Universität in San Rafael, hat diese Frage ebenfalls untersucht. Matthews rekrutierte zunächst 267 Probanden aus unterschiedlichen sozialen Schichten und Kulturkreisen im Alter von 23 bis 72 Jahren, die sie bat, Ziele zu definieren, die sie in den nächsten Wochen erreichen wollten. Dabei wurden die Teilnehmer in fünf Gruppen aufgeteilt:

- Gruppe 1 formulierte und priorisierte ihre Ziele nur mündlich.
- Gruppe 2 formulierte und priorisierte ihre Ziele schriftlich.

- Gruppe 3 schrieb lediglich die Maßnahmen nieder, die zur Erreichung des Ziels getroffen wurden.

- Gruppe 4 formulierte ihre Ziele und Maßnahmen schriftlich, zusätzlich sollte sie einem Freund davon erzählen.

- Gruppe 5 ging genauso vor wie Gruppe 4, protokollierte aber zusätzlich die Fortschritte.

Vier Wochen später sah sich Gail Matthews die Ergebnisse an:

- Gruppe 1 erreichte ihre vorher mündlich formulierten Ziele lediglich zu 43 Prozent.

- Gruppe 2, die ihre Ziele aufgeschrieben hatte, war zu 60 Prozent erfolgreich.

- Gruppe 3, die nur die zu treffenden Maßnahmen schriftlich fixiert hatte, erreichte ein wenig mehr.

- Gruppe 4 war zu 64 Prozent erfolgreich.

- Den größten Erfolg erzielte Gruppe 5 mit 76 Prozent.

Du siehst: Allein das Aufschreiben von Zielen steigert die Erfolgsaussichten betrachtlich.

Warum ist dem so?

Grund Nr.1: Schriftliche festgelegte Ziele sind verbindlicher

Durch das schriftliche Festhalten verankerst du deine Ziele in deinem Bewusstsein - und zwar nachhaltig, da du deine Notizen sicher regelmäßig durchliest.

Grund Nr. 2: Schriftliche festgelegte Ziele zwingen dich zur gedanklichen Klarheit

Eine schriftliche Fixierung fordert dich auf, dein Ziel deutlich, positiv und konkret zu formulieren. Nur so kannst du deine Zielgedanken nachvollziehen - und in die Tat umsetzen.

Grund Nr. 3: Schriftliche festgelegte Ziele stimulieren zur Realisierung

Bereits beim Festhalten deiner Ziele wirst du dir erste Gedanken machen, wie du diese umsetzen kannst. Du denkst über erste Schritte zur Realisierung nach, die du dir ebenfalls notierst. Dadurch gibst du dir nicht nur eine Handlungsanleitung, sondern du kannst auch Fortschritte nachvollziehen, dich über erste Erfolge freuen und Kursänderungen vornehmen, falls du erkennst, dass dein Weg so nicht funktioniert.

9.2 WIE DIR DIE SMART-FORMEL DABEI HELFEN KANN, KONKRETE UND MESSBARE ZIELE ZU DEFINIEREN

Manchmal erzielen Marketingaktionen nicht den gewünschten Erfolg. Dann solltest du dich fragen, ob du die Ziele hinter der Aktion klar und deutlich definiert hast. Die SMART-Formel kann dir dabei helfen, deine Ziele konkret und messbar zu definieren.

Was bedeutet die SMART-Formel eigentlich?

SMART steht für

S = spezifisch

M = messbar

A = akzeptiert/ausführbar/attraktiv (zu A gibt es mehrere Stichwörter)

R = realistisch

T = terminierbar

Nehmen wir an, dein Ziel lautet: Ich möchte, dass mehr Klienten in meine Praxis kommen.

Jetzt spielen wir die einzelnen Schritte einmal anhand der SMART-Formel durch

Spezifisch
Das Ziel ist schon mal klar, spezifisch wird die Formulierung erst, wenn du die Rahmenbedingungen (z. B. das dir zur Verfügung stehende Budget) festlegst und klärst, wen du gegebenenfalls involvieren musst.

Messbar
Wie viele neue Klienten möchtest du denn genau gewinnen? 10 Prozent? 20 Prozent oder mehr

Ausführbar
Wie viel Budget steht dir hierfür zur Verfügung und welche Aktionen kannst du damit finanzieren?

Realistisch
Prüfe, ob deine Planung wirklich realistisch ist. Bist du sicher, dass du tatsächlich die gewünschte Anzahl an neuen Klienten mit dem geplanten Budget und den angedachten Marketingmaßnahmen gewinnen kannst?

Terminierbar
Innerhalb welchen Zeitraums möchtest du dein Ziel erreichen? In zwei Wochen oder einem Jahr?

Wie könnten dein smartes Ziel und die dafür nötigen Aktionen aussehen – ein Beispiel

Bitte verstehe die nachfolgende Zielstellung samt Maßnahmenplan wirklich nur als Beispiel und nicht als konkrete Handlungsempfehlung:

- Ich möchte in den nächsten sechs Monaten die Zahl meiner Patienten um 20 Prozent steigern.

- Dafür möchte ich 2 x monatlich einen halbtätigen Mini-Workshop rund um das Thema „Gesunde Ernährung“ anbieten und diese Veranstaltungen auf meiner Facebook-Seite sowie auf meiner Website bekannt machen.

- Meine Praxisflyer werde ich bei passenden Partnern auslegen, zum Beispiel in Bio-Märkten, Yogastudios usw.

- Ferner werde ich zu Themen, die meine Zielgruppe interessieren, 1 x wöchentlich einen Videobeitrag zum Thema XY (passend zu den Workshops) auf Youtube hochladen.

- Start Workshops:
  Erstes Seminar zum Thema „Wie die Ernährung unsere Gesundheit stärkt"
  Start: November 2020, jeweils 14-tägig, Testphase über 6 Workshops

- Start begleitende Maßnahmen
  Vertiefende Beiträge dazu auf Youtube ab September (1 x wöchentlich)
  Mögliche Themen: Wie Ernährung den Blutdruck senken kann. Welche Ernährung kurbelt den Stoffwechsel an? Kann Ernährung Alzheimer vorbeugen?

- Die Mini-Workshops für 10 Personen kann ich in meiner Praxis abhalten. Das Budget für das gemeinsame Zubereiten von Speisen und Getränke ist für 6 Workshops vorhanden. Pro Workshop verlange ich von den Teilnehmern jeweils 50 Euro. So ist nicht nur die Finanzierung gesichert, sondern ich verdiene auch noch etwas damit.

- Meine Facebook-Seite hat 1000 Fans, durch Vorträge zu dem Thema Ernährung bin ich gut mit der örtlichen Volkshochschule vernetzt. 10 Workshop-Teilnehmer pro Termin zu gewinnen, ist realistisch und für mich ohne weiteren finanziellen Einsatz erreichbar.

- Nach 6 Workshops werde ich ein Zwischenfazit ziehen und überprüfen, um wie viel die Anzahl meiner Klienten tatsächlich gestiegen ist und gegebenenfalls die Maßnahmen anpassen

9.3 NUTZE EIN VISION BOARD ALS ZUSÄTZLICHEN BOOSTER

Mit einem Vision Board, auch als Dream Board oder Ziel-Collage bezeichnet, kannst du deine Wünsche und Ziele zusätzlich mit Bildern zum Ausdruck bringen. Das verleiht deinen Träumen noch mehr Strahlkraft und macht sie optisch greifbar. Gib deinem persönlichen Board einen prominenten Platz in deiner

Wohnung. So hast du täglich deine Ziele klar vor Augen und erhältst eine Extraportion Energie und Begeisterung, um wirklich dranzubleiben.

So gestaltest du dein persönliches Dream Board

Du benötigst eine Pappe, Leinwand oder eine Pinnwand, Kleber, Schere, Stift, Farben und Fotos. Du kannst dir auch Bilder im Netz suchen und ausdrucken oder Bilder aus Zeitschriften verwenden. Deiner Fantasie sind keine Grenzen gesetzt und es macht jede Menge Spaß, kreativ zu sein.

Leg einfach los:

1. Markiere mit einem Stift oder mit Farben die Lebensbereiche auf dem Board, die dir am Herzen liegen, zum Beispiel Familie, berufliche und persönliche Weiterentwicklung, Finanzen, Hobbies und vieles mehr.

2. Notiere in jedem Lebensbereich deine Wünsche, Ziele und Träume. Denke ruhig groß dabei und zensiere dich nicht selbst.

3. Füge Affirmationen, Begriffe oder Zitate hinzu, die dir Mut machen.

4. Gestalte die einzelnen Bereiche mit Bildern, die dich ansprechen und die dir zeigen, wie es aussehen kann, wenn Träume und Wünsche in Erfüllung gehen und du deine Ziele erreicht hast.

5. Hänge das Board gut sichtbar auf und lass dich täglich davon inspirieren.

10.

WIE DU WORKSHOPS OFF- UND ONLINE ORGANISIERST, PLANST UND DURCHFÜHRST

Workshops bieten dir eine hervorragende Möglichkeit, dich als Experte auf deinem Fachgebiet zu beweisen, deine Bekanntheit zu steigern und gleichzeitig neue Klienten zu gewinnen. Außerdem kannst du damit einen Zuverdienst generieren.

In diesem Kapitel erfährst du, wie du einen Workshop vor Ort und online durchführst, planst und organisiert. Wir geben dir dazu auch am Ende des Kapitels zwei Checklisten zur Orientierung an die Hand, die du Schritt für Schritt erledigen kannst, ohne Wesentliches zu vergessen.

Damit dein Seminar auch möglichst viele Interessenten erreicht, erklären wir dir außerdem Step by Step, wie du eine Veranstaltung auf Facebook erstellst und wie du sie dort bewirbst.

10.1 WORKSHOPS VOR ORT PLANEN, ORGANISIEREN UND DURCHFÜHREN

Hast du schon ein Thema für deinen Workshop? Falls nicht, möchten wir dir gerne ein paar Tipps geben, wo du dir Inspiration holen kannst.

Wie du das passende Thema für dein Seminar findest

Wirf doch mal einen Blick in Zeitschriften wie „Happinez" oder „Auszeit". Neben spannenden Artikeln erfährst du dort auch, was im Bereich Spiritualität im Moment Trend ist.

Schau auch mal auf Social Media, was andere Heilpraktiker, Therapeuten und Coaches so machen und was die Top-Gesprächsthemen in deren Facebook-Gruppen sind.

Überlege wie du dein Behandlungsangebot mit den verschiedenen Jahreszeiten oder Festen verknüpfen könntest. Biete beispielsweise Meditationen und Rituale zur Vorbereitung auf die Rauhnächte an, die in der Nacht vom 24. auf 25. Dezember beginnen und am 6. Januar enden. Dieses Thema hat sich in den letzten Jahren im Übrigen zu einem Top-Trend entwickelt. Vielleicht fällt dir auch eine coole Veranstaltung vor Beginn der Fastenzeit ein oder du lädst zur Sommer- oder Wintersonnenwende zu einem kleinen Feuerritual ein.

Du könntest aber auch zum Internationalen Frauentag am 8. März ein Miniseminar für Frauen zum Thema Selbstliebe und Selbstheilungskräfte organisieren. Auf Wikipedia findest du eine ausführliche Übersicht von Aktionstagen, die immer wiederkehrend einmal im Jahr stattfinden.

Neben dem Lesen von Zeitschriften empfehlen wir auch den Besuch von lokalen Xing-Veranstaltungen. Denn im Austausch mit Netzwerk-Kollegen erhältst du ganz sicher ebenfalls eine Menge Anregungen. Sandra war auf verschiedenen Netzwerktreffen. Dort waren häufig Moodboards ein beliebtes Gesprächsthema. Eine Xing-Kollegin hatte deshalb kurzerhand ein Event dazu in ihrer Wohnung auf die Beine gestellt. Es hat Sandra viel Spaß gemacht, ihr Vision Board für das neue Jahr gemeinsam mit anderen Frauen in einer gemütlichen und warmherzigen Atmosphäre zu gestalten, so dass sie beschloss: „Im nächsten Jahr veranstalte ich einen ähnlichen Workshop und kombiniere das mit Elementen aus meiner Hypnosetherapie."

Ganz wichtig ist es auf jeden Fall, dass du in deinem Mini-Seminar deine Expertise zeigen kannst und deine Teilnehmer einen echten Mehrwert mit nach Hause nehmen. So stehen die Chancen sehr gut, sie als neue Klienten zu gewinnen. Und das ist doch sicher das wichtigste Ziel, das du mit deiner Veranstaltung erreichen möchtest.

Um dir ein wenig Hilfestellung zu geben, wollen wir dir anhand von Sandras Vision Board- Workshops, die sie regelmäßig Anfang des Jahres abhält, zeigen, wie du das Ganze organisierst. Dazu lassen wir sie nachfolgend einfach selbst zu Wort kommen und erzählen, wie sie das Ganze auf die Beine gestellt hat und was das Ergebnis war.

Eckdaten festlegen

Bei der Planung waren folgende Punkte sehr schnell klar: Ich wollte einen 4-stündigen Workshop für 12 Frauen geben, am besten an einem Samstagnachmittag im Januar oder Februar so von 13 bis 17 Uhr.

Da meine privaten Räume genug Platz boten, sollte die Veranstaltung bei mir zuhause stattfinden. Wenn dir keine ausreichend großen Räumlichkeiten zur Verfügung stehen, könntest du im Bekanntenkreis fragen, ob dir jemand zu günstigen Konditionen eine Location vermietet. Alternativ kannst du auch in Yogastudios nachfragen. Wichtig ist nur, dass die Örtlichkeit für die Teilnehmer öffentlich oder auch mit dem Auto gut erreichbar ist.

Überlege dir, welches Budget dir für deinen Workshop zur Verfügung steht. Was kannst du für Miete, Workshop-Material und Verpflegung ausgeben? Wieviel müssten die Teilnehmer pro Person bezahlen, damit du nicht in die Miesen gerätst?

Mein Ziel war es: Der Workshop soll 29 Euro pro Teilnehmer kosten. Damit wollte ich Menschen eine schöne Veranstaltung zu einem erschwinglichen Preis anbieten und ihnen so die Gelegenheit geben, mich und meine Arbeit kennenzulernen. Miete entfiel, das Material für die Gestaltung des Moodboards kostete auch nicht die Welt – in meiner Wohnung eine leckere Suppe vorzubereiten und kleine Snacks sowie Getränke zu servieren ebenso wenig. Damit hielt sich mein Investment in Grenzen und meine Teilnehmer haben die gemütliche und sehr persönliche Atmosphäre in meinen vier Wänden sowie meine frisch gekochte Kürbissuppe sehr geschätzt.

Meine Bitte: Nimm dir für die Planung ausreichend Zeit und kalkuliere nicht zu knapp.

Die Detailplanung

Ort, Datum und Uhrzeit stehen fest? Jetzt müssen die Einzelheiten des Ablaufs geplant werden. Bei mir sah das in etwa so aus:

13.00 Uhr: Begrüßung der Teilnehmer und kurze Vorstellungsrunde

13.30 Uhr: Herzöffnende Meditation zum Ankommen

13.45 bis 15.15 Uhr: Gestalten des Mood Boards

15.15 bis 15.45 Uhr: Gemeinsame Pause

15.45 bis 16.30 Uhr: Finalisierung des Vision Boards

16.30 bis 17.00 Uhr: Schluss-Mediation und Feedback-Runde

17.00 Uhr: Verabschiedung der Teilnehmer

Diesen Ablaufplan solltest du Interessenten bei der Buchung zur Verfügung stellen, ebenso die Anreiseinformationen. Weise auch auf die Dinge hin, die die Teilnehmer mitbringen müssen (in meinem Fall waren es warme Socken, Decken und Kissen).

Gleichzeitig solltest du anfangen, deinen Workshop auf Facebook als Veranstaltung einzustellen, und dort für kleines Geld zu bewerben. Näheres dazu erfährst du in Abschnitt 3. Wenn du magst, kannst du zusätzlich Flyer verteilen oder lokal Anzeigen schalten.

So eine kleine Veranstaltung lässt sich natürlich relativ einfach planen. Wenn du einen auswärtigen Veranstaltungsort, aufwändige Technik oder ein Catering benötigst, wird es schon etwas arbeitsintensiver. Ebenso, wenn ihr einen Workshop zu zweit oder mehreren in Erwägung zieht. Das hat zwar den Vorteil, dass sich die Investitionen auf mehrere Schultern verteilen, aber im Gegenzug muss auch genau definiert werden, wer welche Aufgaben übernimmt.

Mein Rat, gerade wenn es dein erster Workshop ist: Gestalte das Ganze so einfach wie möglich.

Was du während des Workshops tun kannst

Mein Mini-Workshop im Jahr 2019 war ein voller Erfolg. Die Teilnehmerinnen fühlten sich rundum wohl. Sie genossen es sehr, von mir umsorgt zu werden und gemeinsam mit anderen Frauen kreativ zu sein.

Ermuntere deine Gäste zum Austausch untereinander. Nutzt die Vorstellungsrunde und die Pausen zum gegenseitigen Kennenlernen.

Frage deine Teilnehmer, ob du Fotos während der Veranstaltung machen darfst – einzeln und in der Gruppe. Schlage eine gemeinsame WhatsApp-Gruppe vor, an die du die Fotos dann schickst. Die Frauen stimmten begeistert zu und über die WhatsApp-Gruppe sind wir bis heute in regelmäßigem Kontakt.

Wenn du die Bilder auf deinem Facebook-Businessprofil veröffentlichen möchtest, musst du dir die schriftliche Einverständniserklärung holen – im Netz findest du dafür Vorlagen zum Downloaden.

Auch die Nachbereitung ist wichtig

Dein Seminar ist vorbei, jetzt solltest du an die Nachbereitung gehen. Schicke den Teilnehmern eine kleine Dankeschön-Mail und bitte sie um Feedback. Wenn du eine positive Rückmeldung erhältst, frag, ob du daraus (anonymisiert) zitieren darfst, um es auf Facebook zu posten. Positives Feedback zeigt deinen Followern, dass deine Gäste von deinem Workshop und von dir als Person begeistert waren. Vielleicht überlegt ja der eine oder andere auch, an deiner nächsten Veranstaltung teilzunehmen.

Das Ergebnis meines Workshops

Fünf Frauen haben hochpreisige Folge-Seminare bei mir gebucht, drei sind immer noch meine Klientinnen. Und alle Teilnehmerinnen waren beim Vision Board Workshop 2020 wieder dabei – obwohl die Teilnahmegebühr bei 39 Euro pro Person lag. Der Kurs war in 30 Minuten ausgebucht, so dass ich kaum neue Interessenten aufnehmen konnte. Deshalb überlege ich mir, im nächsten Jahr einen zweiten Kurs speziell für neue Interessenten anzubieten.

Ich hoffe, ich konnte dir ein wenig Inspiration geben, wie du einen Workshop vor Ort auf die Beine stellst.

10.2 WIE DU EINEN ONLINE-WORKSHOP PLANST, ORGANISIERST UND DURCHFÜHRST

Hast du schon einmal darüber nachgedacht, einen Workshop oder ein Seminar online abzuhalten? Gerade in Zeiten von Corona ist die digitale Kommunikation unverzichtbar geworden. Vielleicht bietest du als Therapeut und Heilpraktiker deinen Klienten bereits Sitzungen per Video-Chat via Zoom oder WhatsApp an, warum nicht auch einen Workshop?

Welche Vorteile hat ein Online-Workshop?

- Du sparst dir die Raummiete und die Kosten für die Verpflegung der Teilnehmer.
- Du gibst Menschen, die aus den verschiedensten Gründen ihre Wohnung nicht verlassen können, die Möglichkeit, teilzunehmen.
- Du musst die Teilnehmerzahl nicht aus Platzgründen beschränken.
- Deine Online-Sichtbarkeit steigt und du wirst von mehr Menschen als Experte zu einem bestimmten Thema wahrgenommen.
- Eine höhere Sichtbarkeit kann die Anzahl deiner Klienten und damit auch deine Einnahmen steigern.

- Mit Online-Seminaren kannst du ohne großen Aufwand dein Behandlungsangebot ergänzen und zusätzliches Geld verdienen.

- Viele Online-Tools sind kostenlos oder zumindest preisgünstig, und der Umgang damit ist einfach und nicht nur etwas für Technikfreaks.

Wie beim Workshop vor Ort ist es auch online wichtig, dein Thema zu finden und zu schauen, wie es sich realisieren lässt. Bist du zum Beispiel im Bereich Ernährung tätig, könntest du einmal im Monat ein Live-Cooking aus deiner Küche anbieten und daraus eine ganze Serie über gesundes Kochen in allen möglichen Facetten gestalten. Als Achtsamkeitslehrerin kannst du Webinare über Achtsamkeit im Alltag geben und als Hypnosetherapeut eine Vortragsreihe über die Wirksamkeit von Hypnose bei Ängsten, Depressionen und Schmerzen ins Leben rufen.

Des Weiteren spielt auch der finanzielle Aspekt eine Rolle. Soll dein Online-Seminar etwas kosten oder stellst du dieses Zusatzangebot aus Marketinggründen gratis zur Verfügung, damit dich mehr Leute kennenlernen und sich von deiner Expertise überzeugen können? Vielleicht entscheidest du dich ja für einen Mix aus beiden Varianten.

Live-Veranstaltung oder vorproduzierter Online-Kurs?

Jetzt musst du noch die Entscheidung treffen, ob du deine Veranstaltung live abhalten möchtest oder ob du Videos vorproduzierst und als Onlinekurs beispielsweise auf Vimeo zur Verfügung stellst.

Beides hast seine Vor- und Nachteile:

- Bei einer Live-Session musst du nichts schneiden oder nachvertonen.

- Ein Live-Erlebnis ermöglicht Interaktion mit deinem Publikum und motiviert die Teilnehmer zusätzlich, da sie gegebenenfalls Fragen stellen können.

- Bei einer Live-Übertragung ist das Verständnis größer, falls mal etwas nicht so rund läuft und du dich zum Beispiel versprichst.

Gründe, sich gegen die Live-Variante zu entscheiden, können folgende sein:

- Du fühlst dich mit der Live-Situation nicht wohl, sondern eher überfordert.
- Interessierte müssen sich an einem bestimmten Tag zu einer festgelegten Uhrzeit zuschalten.
- Du verlierst Zeit, weil du erst einmal die Technik erklären musst.

Für vorproduzierte Videos spricht Folgendes:

- Du kannst die Videos nachträglich bearbeiten und zum Beispiel Grafiken zur Veranschaulichung einfügen. Das verstärkt den Eindruck von Professionalität.
- Du erstellst einmal einen Online-Kurs und kannst ihn mehrfach verkaufen.
- Du kannst mehrere Lektionen am Stück produzieren.
- Du kannst deinen Kurs auf mehreren Plattformen anbieten.
- Die Teilnehmer können sich mit deinem Workshop beschäftigen, wenn sie Zeit haben.

Die Nachteile können sein:

- Die Produktion ist aufwändiger.
- Gegebenenfalls sind Technikkenntnisse erforderlich.
- Die Austauschmöglichkeit mit den Teilnehmern fehlt.
- Inhalte sind eventuell nach einem gewissen Zeitraum nicht mehr aktuell.

Unser Tipp: Durchlaufe unterschiedliche Onlinekurse als Teilnehmer. Wo hast du dich am wohlsten gefühlt? Was lief gut? Was hat dir weniger gefallen? War die Länge passend für dich? Deine Erfahrungen kannst du bei der Gestaltung deines eigenen Workshops einfließen lassen.

Egal, wofür du dich entscheidest – wie bei einer Veranstaltung vor Ort musst du auch online den Ablauf genau planen. Selbstverständlich solltest du auch deinen Onlinekurs kräftig bewerben, um ausreichend Teilnehmer zu generieren.

Wichtig ist ein prominenter Hinweis auf deiner Website – am besten mit der Möglichkeit, gleich dort die Buchung vorzunehmen. Mach deine Newsletter-Abonnenten auf dein Webinar aufmerksam und bitte aktiv um Weiterleitung der Informationen an Freunde und Bekannte. Erzähle auf deinen Social Media Kanälen davon – im Vorfeld und danach, indem du begeistertes Feedback von Teilnehmern postest.

Live gehen

Dein Smartphone und ein Social Media Account genügen, um live zu gehen. Auf Facebook kannst du zum Beispiel 90 Minuten live sein. Anschließend wird ein Video von deinem Auftritt erstellt. Im Kommentarbereich finden sich auch sämtliche Interaktionen zu deiner Live-Veranstaltung. Super wäre es, wenn ein Freund am Laptop auf Kommentare in Echtzeit reagiert, während du „on air" bist.

Gute Erfahrungen haben wir mit Zoom gemacht, einem einfach zu bedienendem Tool für Webkonferenzen und -seminare. Du benötigst dafür einen Laptop mit Kamera und Mikrofon. Die Basisversion ist kostenlos und bietet dir unbegrenzte Besprechungen unter vier Augen. Bei Teammeetings von mehr als zwei Personen ist die Dauer auf 40 Minuten begrenzt. Die Pro-Variante beinhaltet für 13,99 Euro monatlich die Teilnahme von 100 Personen und ein Zeitlimit für Meetings von 24 Stunden. Ferner werden die Sitzungen aufgezeichnet und als Video in der Zoom-Cloud oder wahlweise auf deinem PC lokal als Audio- und als Video-Audio-Datei gespeichert.

Die Teilnehmer müssen nicht bei Zoom registriert sein, sondern du verschickst einen Zugangslink, mit dem sie dem Workshop ganz einfach beitreten können. Bei der Erstellung des Meetings kannst du angeben, ob nur du für die Teilnehmer im Live-Video zu sehen sein sollst oder ob sie sich ebenfalls per Video zuschalten können. Wenn deine Gäste in der Aufzeichnung nicht sichtbar sein möchten, haben die die Möglichkeit, die Videofunktion auszustellen.

Du kannst auf Zoom auch deinen Bildschirm teilen und Präsentationen, Filme oder Dokumente zeigen. Zusätzlich gibt es die Möglichkeit, das Live-Meeting gleichzeitig auf Facebook (zum Beispiel in einer geschlossenen Gruppe) oder auf Youtube zu streamen (das Einverständnis der Teilnehmer vorausgesetzt). Wir empfehlen dir, Zoom erst einmal kostenlos mit Freunden zu testen und sich mit der Technik vertraut zu machen, bevor du deinen ersten Workshop live gibst. Prüfe auf jeden Fall vor Beginn des Webinars nochmals, ob alles funktioniert.

Deinen Video-Online-Kurs bereitstellen

Du hast Videos vorproduzieren lassen – eventuell von einem Profi mit externer Kamera und Mikro. Nun möchtest du sie gegen Bezahlung als mehrteiligen Online-Kurs bereitstellen. Dann stehen dir mehrere Möglichkeiten zur Verfügung:

- Du richtest einen Bereich „nur für Mitglieder" auf deiner Homepage ein.
- Du lädst die Videos nach Bezahlung in einer geschlossenen Facebook-Gruppe hoch.
- Du nutzt einen Onlinekurs-Anbieter wie beispielsweise Udemy.

Eine sehr einfache und schnelle Lösung stellt die Plattform Vimeo dar. Hier lädst du zunächst deine Videos hoch. Anschließend passt du die Einstellungen an und wählst beispielsweise die Option, dass du dein Seminar mit einem vertraulichen Link zur Verfügung stellst. Gleichzeitig kannst du auch Kommentare oder das Teilen der Videodateien unterbinden.

Ein Tipp von uns: Da ihr nicht in direktem Kontakt seid, stehe deinen Teilnehmern regelmäßig in einer Sprechstunde auf Zoom, telefonisch oder per E-Mail für Fragen zur Verfügung.

Nachbereiten

Auch einen Online-Workshop solltest du nachbereiten, indem du mit den Teilnehmern in Kontakt bleibst und sie um Feedback und Weitempfehlung bittest. Frage, ob du sie mit deinem Newsletter über weitere Workshops und Kurse informieren darfst.

10.3 WIE DU EINE VERANSTALTUNG AUF FACEBOOK ERSTELLST UND BEWIRBST

Bevor wir dich Schritt für Schritt anleiten, wie du eine Veranstaltung bei Facebook erstellst und bewirbst, möchten wir dir gerne die Seite canva.com zeigen.

Auf dieser Plattform kannst du dich kostenlos registrieren. Schon auf der Startseite findest du eine riesige Auswahl an Designs für Logos, Postkarten, Flyer und vieles mehr. Unter anderem gibt es dort auch die Option, einen Facebook-Beitrag zu gestalten.

Mit einem Klick findest du tolle Foto-Text-Vorlagen für deine Veranstaltung. Gib in die Suchleiste dein Thema ein und wähle eine Vorlage aus, die du im nächsten Schritt bearbeiten kannst. Passe den Text, die Schrift oder Schriftgröße und -farbe an. Dann klicke ganz links auf „Fotos“ und wähle ein ansprechendes aus – schon hast du ein wunderschönes Veranstaltungsbild für deinen Workshop. Dieses Bild kannst du nun herunterladen und auf deinem Laptop speichern.

Kleiner Tipp von uns: Passt auf canva.com kein Foto so wirklich zum Thema deines Workshops, wirst du vielleicht auf unsplash.com fündig. Diese Bilder-Plattform ist ebenfalls kostenlos und bietet dir viele tolle Fotomotive in zahlreichen Kategorien zum Download an. Über die Funktion „Uploads“ kannst du die Bilder dann auf canva.com hochladen und dort verwenden.

Wie du eine Veranstaltung auf Facebook einstellst

Nach diesem kleinen Exkurs in Sachen Design loggst du dich auf Facebook ein und gehst dort auf dein Business-Profi. Jetzt führe einfach die folgenden Schritte durch:

1. Klicke im linken Menü auf Veranstaltungen.

2. Klicke auf öffentliche Veranstaltung erstellen.

3. Lade ein Veranstaltungsfoto hoch

4. Trage den Namen, Ort und Datum sowie die Uhrzeit der Veranstaltung ein

5. Jetzt kannst du unter Infos deinen Workshop detailliert beschreiben. Beschreibe das Thema, gib nochmal genau Ort, Zeit und Dauer an. Auch deine Kontaktdaten zur Anmeldung, die maximal mögliche Teilnehmerzahl und die Kosten für dein Seminar sollten dort zu finden sein.

6. Nun musst du eine Kategorie für deine Veranstaltung auswählen, zum Beispiel „Gesundheit".

7. Unter Weitere Gastgeber kannst du Mitveranstalter eintragen.

8. Bei Details kannst du optional einen Terminplan hinzufügen und Keywords angeben. Das ist wichtig, damit deine Veranstaltung auch gefunden wird. Überlege dir einfach, unter welchen Begriffen du nach deinem Workshop googeln würdest, zum Beispiel „Seminar, Selbstliebe, Familienaufstellung, München ..."

9. Unter dem Punkt Eintritt hast du unter anderem die Möglichkeit, Platzreservierungen zu bestätigen, die Anzahl der verfügbaren Plätze pro Person einzustellen, sowie bis zu 3 Fragen an Interessenten zu stellen, zum Beispiel: „Was wünscht und erwartest du dir von diesem Workshop?"

10. Unter Optionen kannst du Beiträge von Usern zu deiner Veranstaltung erlauben.

11. Ticketinfo bearbeitest du nur, falls die Buchung und Bezahlung über Plattformen wie beispielsweise Eventbrite.de laufen.

12. Fertig ist deine Facebook-Veranstaltung. Du kannst sie nun als Entwurf speichern, sie sofort veröffentlichen oder einplanen, falls du deinen Workshop zu einem späteren Zeitpunkt ankündigen möchtest.

Das war doch jetzt gar nicht so schwer, oder? Und weiter geht's.

Wie du deinen Workshop auf Facebook bewirbst

Nachdem du deine Veranstaltung gepostet hast, bietet dir Facebook auch schon die Option an, deinen Workshop zu bewerben, um mehr Menschen, mehr Interaktionen und mehr Buchungen zu erzielen.

1. Geh einfach auf den Button Veranstaltung bewerben.

2. Wähle dein Bild für deine Facebook-Werbeanzeige, idealerweise dein Veranstaltungsfoto.

3. Verfasse einen kurzen, knackigen Text für deine Werbeanzeige und gib ihn im Feld Text ein. Zuviel Geschriebenes wird als Anzeige niedrigerer Qualität von Facebook eingestuft und mit einer geringeren Reichweite oder einer Nichtschaltung bestraft. Hier bietet dir das Netzwerk ein Tool, das dir bezüglich Textlänge weiterhelfen kann und dir auch Tipps gibt, wie hoch der Textanteil auf deinen Fotos sein darf - auch da ist Facebook durchaus strikt: https://www.facebook.com/ads/tools/text_overlay

4. Vergiss nicht, dein Werbeziel festzulegen: Willst du eine Veranstaltung bewerben, deine Praxis lokal hervorheben oder mehr Besucher auf deiner Praxis-Homepage haben?

5. In diesem Schritt geht es darum, deine Zielgruppe zu definieren, nachfolgend ein Beispiel:
   Geschlecht, Alter: Frauen, zwischen 30 bis 60
   Lokalisierung: Bayern
   Interessen der Zielgruppe (hier kannst du aus unendlich vielen Vorschlägen von FB auswählen samt Angaben über das Potenzial an Interessierten): Psychologie, Liebe, Gesundheit, Spiritualität, Selbstliebe .... du kannst dabei ziemlich bis in kleinste Detail gehen.

6. Jetzt musst du Laufzeit und Budget festlegen. Dabei macht das Netzwerk dir ganz konkrete Vorschläge und gibt dir zum Beispiel an, dass du mit einem Budget von 25 Euro, verteilt auf 10 Tage, ca. 1900 Menschen täglich erreichst. Ich kalkuliere meist so, dass ich die Kosten für eine Anmeldung als Werbebudget definiere. Gib vielleicht eine kleinere Summe zu Beginn aus und leg dann kurz vor deiner Veranstaltung nochmal kräftig an Werbung nach. Bedenke: Viele Menschen wollen sich nicht lange im Voraus festlegen.

7. Zur Bezahlung deiner Werbekampagne benötigst du eine Kreditkarte.

8. Jetzt noch auf Bewerben klicken und deine Anzeige wird von Facebook eingerichtet.

9. Ab jetzt erhältst du von Facebook einen detaillierten Report, aus dem du genau ersehen kannst, wie viele Menschen deine Anzeige erreicht hat, wie viele Interessenten dein Workshop erreicht hat. Du hast auch die Möglichkeit, dein Seminar erneut zu bewerben und erneut Geld zu investieren.

10.4 UNSERE CHECKLISTEN FÜR DICH

Checkliste Workshop vor Ort organisieren

Bevor du deinen Workshop planst, solltest du dir über folgende Punkte Gedanken machen

- Welches Ziel verfolgst du mit deinem Event?
- Was ist das Thema der Workshops, welchen Mehrwert beziehungsweise
- Nutzen haben die Teilnehmer?
- Wen möchtest du zu deinem Event einladen (Zielgruppe definieren)?
- An welchem Tag soll dein Workshop stattfinden (Plane genügend Vorlaufzeit ein)?
- Welche Eckdaten hat dein Event (Dauer, Teilnehmerzahl, Budget etc.)?
- Wo soll der Workshop stattfinden?
- Ist eine einfache Erreichbarkeit für alle eingeladenen Gäste möglich ist (Anfahrtsdauer, öffentlicher Verkehr, Parkplätze etc.)?
- Musst du eventuell eine Location reservieren?
- Soll der Workshop etwas kosten? Wenn ja, wie viel?

Grobplanung vor dem Workshop

- Event-Konzept mit Budget und Eckdaten ausarbeiten (Ablauf, Termine, Budget etc.)
- Projektorganisation bestimmen (Wer macht was bis wann – Verantwortlichkeiten, Aufgabenbereiche, Grobtermine, Stellvertretungen etc.)
- Terminplan festlegen

Workshop-Detailplanung

- Abläufe definieren
- Evtl. Bewirtung organisieren
- Mobiliar/Infrastruktur, Technik, Infrastruktur frühzeitig aufbauen
- Werbung (Anzeigen, Flyer, persönliche Einladungen inkl. Wegbeschreibung)

Ablauf am Workshop-Tag

- Falls vorhanden, Personal für den Workshop frühzeitig briefen und instruieren
- Klare Aufgabenverteilung vornehmen
- Falls nötig, Aufbau von Technik, Mobiliar & Infrastruktur (vorher unbedingt testen)
- Empfang, Begrüßung und Betreuung der Gäste
- Dank und Verabschiedung der Gäste nach dem Workshop

Unmittelbar nach dem Workshop

- Abbau von Mobiliar, Technik, Infrastruktur
- Entsorgung
- Reinigung der Location organisieren

Nach dem Workshop

- Fazit
- Dankes-Mail an Teilnehmer
- Nächsten Workshop planen und mit der Zielgruppe in Kontakt bleiben

Checkliste Online-Workshop organisieren

Bevor du deinen Workshop planst, solltest du dir über folgende Punkte Gedanken machen

- Welches Ziel verfolgst du mit deinem Event?
- Was ist das Thema der Workshops? Welchen Mehrwert beziehungsweise Nutzen haben die Teilnehmer?
- Wen möchtest du zu deinem Event einladen (Zielgruppe definieren)?
- An welchem Tag soll dein Workshop stattfinden?
- Welche Eckdaten hat dein Event (Thema, Dauer, Teilnehmerzahl, Budget etc.)?
- Soll der Workshop etwas kosten? Wenn ja, wie viel?

Grobplanung vor dem Workshop

- Event-Konzept mit Budget und Eckdaten ausarbeiten (Ablauf, Termine, Budget etc.)
- Projektorganisation bestimmen (Wer macht was bis wann – Verantwortlichkeiten, Aufgabenbereiche, Grobtermine, Stellvertretungen etc.)
- Terminplan festlegen

Workshop-Detailplanung
- Abläufe definieren
- Technik einrichten (Zoom-Software, Kamera, Mikrofon) inklusive Testing
- Teilnehmer einladen
- Werbung (Anzeigen, Flyer, persönliche Einladungen)

Nach dem Workshop
- Fazit
- Dankes-Mail an Teilnehmer
- Nächsten Workshop planen und mit der Zielgruppe in Kontakt bleiben

9 wichtige Tipps für deinen Workshop

- Definiere unbedingt ein Ziel für deinen Workshop.
- Erstelle dir eine eigene Checkliste.
- Erstelle dir einen konkreten Zeitplan.
- Definiere ein Thema, dass deinen Teilnehmern einen Mehrwert beziehungsweise Nutzen bietet.
- Wenn der Workshop nicht online durchgeführt wird, mache dir Gedanken über die Location.
- Fördere den Austausch deiner Teilnehmer untereinander.
- Erstelle Material zur Visualisierung. Online = PDF, Offline = Flyer.
- Plane Zeit für Fragen und Antworten mit ein.
- Ganz wichtig: Was passiert nach deinem Workshop?

  Biete deinen Teilnehmern eine Perspektive an.
  Weise auf Folgeworkshops hin.
  Mache dezent auf die Möglichkeit einer Zusammenarbeit mit dir aufmerksam.

11.

EIN BLICK IN DIE ZUKUNFT: DIE DIGITALE PRAXIS

(Gastkapitel von therabee, digitale Lösungen für Heilpraktiker und Therapeuten)

In den vorherigen Kapiteln hast du eine Menge zum Thema Marketing und Sichtbarkeit für Heilpraktiker und Therapeuten erfahren. Doch es gibt noch ein weiteres Themengebiet, auf das du deine Aufmerksamkeit lenken solltest – die Digitalisierung deiner Praxis.

Nachfolgend möchten wir dich über die verschiedenen Möglichkeiten informieren und dir aufzeigen, welche Vorteile dir die digitale Praxis als Heilpraktiker oder Therapeut bieten kann.

Die Digitalisierung ist eines der großen Themen unserer Zeit. Du hast es bestimmt bereits am eigenen Leib erlebt: Was früher einmal ein Brief per Post war und mehrere Tage gedauert hat, ist heute eine E-Mail oder WhatsApp-Nachricht, die in wenigen Augenblicken um den halben Globus reist. Informationen sind jederzeit greifbar und die Menschen sind durch Smartphones stets bestens vernetzt. Was mit dieser Vernetzung einhergeht, ist eine ständige Erreichbarkeit. Gleichzeitig ist die Verfügbarkeit vieler Güter und Dienstleistungen ganz unabhängig von Zeit und Raum Realität geworden und viele Bereiche des öffentlichen und privaten Lebens erkennt man kaum mehr wieder. Dinge, die du früher persönlich vor Ort geregelt hast, wie zum Beispiel deinen Gang zur Bank, werden heute bequem vom heimischen Schreibtisch aus erledigt. Die Suche nach Waren oder Dienstleistungen erfolgt vorzugsweise im World Wide Web. Dabei werden nicht nur Informationen über profane Alltagsdinge wie Autos oder das Wetter tagesaktuell im Internet nachgeschlagen, sondern Menschen suchen im Netz nach Rat und Informationen zu allen möglichen Themen, unter anderem auch, was ihre körperliche und seelische Gesundheit anbelangt.

Wir haben durch und mit der Digitalisierung neue, vor wenigen Jahren noch ungeahnte Möglichkeiten. Sie eröffnet uns Chancen, die es zu ergreifen gilt. Mit kleinen und einfachen Schritten kann die Digitalisierung auch in deiner Praxis Einzug halten. Am naheliegendsten ist es zum Beispiel, die Beschaffung von Heilmitteln und Arzneien zu vereinfachen oder auch den Kontakt mit den Patienten durch Online- Sprechstunden in der Frequenz zu intensivieren. Und natürlich sollten wir uns selbst das Leben leichter machen, indem wir die Bürokratie in der Praxis abbauen und den oft aufwendigen Verwaltungskram von Computern erledigen lassen.

ONLINE-SPRECHSTUNDE

Flexibilität für dich und deine Patienten

Ein erster Schritt in die digitale Praxis kann die Online-Sprechstunde sein. Natürlich ersetzt eine Online-Sprechstunde nicht den Besuch in deiner Praxis. Aber sie kann eine sinnvolle Ergänzung sein. Du kannst dadurch beispielsweise Patienten behalten, die in eine andere Stadt umziehen und deshalb nicht mehr so einfach zu dir in die Praxis kommen können. Eine Online-Sprechstunde ermöglicht dir beispielsweise auch die Betreuung deiner Patienten im Urlaub oder auf Geschäftsreisen. Somit hast du die Möglichkeit, ihnen im Krisenfall zur Seite zu stehen.

Natürlich eignen sich nicht alle Behandlungen und Therapieformen für die Online-Variante, aber es gibt viele Anwendungsmöglichkeiten - gerade im Bereich Gesprächstherapie. Hier kannst du deinen Klienten nach dem persönlichen Erstgespräch auf jeden Fall eine Online-Betreuung als Alternative anbieten.

Gerade für gebrechliche Menschen oder Patienten mit Handicap kann dieses Angebot als Ergänzung zum persönlichen Kontakt hilfreich sein.

Selbst wenn dein Behandlungsschwerpunkt nicht auf der Gesprächstherapie liegt, kannst du von einer ergänzenden Onlinesprechstunde profitieren. So könnten zum Beispiel Physiotherapeuten Bewegungsübungen mit ihren Patienten online durchführen und diese gegebenenfalls korrigieren. Nimm dir einfach bei Gelegenheit einen Augenblick Zeit und denke darüber nach, inwieweit Online-Sprechstunden für deine Praxis Sinn machen.

Wenn du dich als Therapeut dafür entschieden hast, deine Sprechstunde zukünftig auch online anbieten zu wollen, ist es sehr wichtig, dass du das richtige Tool verwendest. Viele Anbieter von Videokonferenzen können eine stabile Verbindung zwischen den Gesprächspartnern aufbauen. Die wichtigste Frage hierbei ist jedoch: Wie verhält es sich mit Datenschutz? Die Auswahl des richtigen Tools ist nicht ganz einfach, da man sich über jeden zur Verfügung stehenden Anbieter informieren muss. Meist ist es so: Wer kein Geld investieren möchte, zahlt mit seinen Daten. Die beliebten Lösungen WhatsApp oder Zoom haben keinen DSGVO-konformen Datenschutz. Dadurch ist es unter Umständen möglich, auf das Gespräch von außen zuzugreifen, ohne dass du oder dein Patient es merken. Deine Gesprächsdaten werden bei diesen Lösungen auch gerne an Dritte weitergegeben. Bedenkt man, dass WhatsApp zu Facebook gehört, verwundert das nur wenig. Daher sind die beiden Tools für deine Online-Sprechstunde ungeeignet. In deiner Online-Sprechstunde werden sensible gesundheitsbezogene Daten mit dem Patienten ausgetauscht. Diese müssen auch als solche behandelt werden, wenn du nicht wegen Verstoßes gegen die DSGVO belangt werden möchtest.

Fazit: Es lohnt sich, in ein DSGVO-konformes Tool zu investieren.

ONLINEABRECHNUNG

Mehr Zeit für dich und deine Patienten

„Ach, wenn ich doch nur mehr Zeit für meine Patienten hätte..."

Solche Gedanken kennst du sicher nur zu gut aus deinem therapeutischen Alltag. Egal ob Rechnungen, Termine, Dokumentationen, DSGVO, Akten oder Steuer - einen Großteil deiner Arbeitszeit wirst du für administrative Aufgaben und Tätigkeiten aufwenden müssen. Diese Anforderungen an einen professionellen Praxisbetrieb werden natürlich nicht gerade weniger, sondern von Jahr zu Jahr umfangreicher und komplexer. Das alles geht von deiner Zeit mit deinen Patienten ab. Aus diesem Grund solltest du dir im Vorfeld Gedanken machen, wie du dir ein digitales System aufbaust, das dir möglichst viele dieser administrativen Tätigkeiten abnimmt. Wir empfehlen dir, ein System zu wählen, das Rechnung-Stellung, Praxisverwaltung und Kalenderfunktionen verbindet. So vermeidest du eine Vielzahl an Tools und bekommst alles aus einer Hand. Das System sollte des Weiteren onlinebasiert sein, damit du keine lästigen Installationen vornehmen musst. Ein weiterer Vorteil der Onlinelösung ist, dass sie nicht an ein Gerät gebunden ist. Du benötigst nur deine Anmeldedaten und einen Internetzugang, um via Laptop, Handy oder PC auf deine Patienten- und Termindaten zuzugreifen. Achte – je nach deinem Fachgebiet – darauf, dass du mit dem Online-Abrechnungssystem sowohl GebüH-, als auch Mehrwertsteuerrechnungen erstellen kannst. Ferner ist es sinnvoll, bei der Wahl des Tools darauf zu achten, dass es eine integrierte Patientendatenbank hat. Das bringt den Vorteil, dass es keine doppelten Einträge in verschiedene Systeme nötig sind. In den Kalender kannst du dann die Termine mit zugehörigen Patientendaten eintragen. Dadurch hast du sofort einen Überblick über die Vorgeschichte des Klienten, bereits verschriebene Heilmittel, vorangegangene Behandlungen oder Medikamentenunverträglichkeiten. Selbstverständlich muss das System auch DSGVO-konform sein.

Du siehst: So ein Verwaltungs-Tool reduziert deinen organisatorischen Aufwand ungemein. Es ermöglicht dir außerdem, abends von der Couch aus deine Termine zu überblicken, Rechnungen zu schreiben oder Dokumentationen zu pflegen. Du musst dazu nicht in deiner Praxis am Schreibtisch sitzen.

ARZNEIMITTELBESTELLUNG

Die Suche nach der Nadel im Heuhaufen

Heutzutage gibt es kaum mehr ein Produkt, das nicht über das Internet bestellt werden kann. Egal ob Kleidung, Handyverträge oder Autos, gebraucht oder neu, das Internet hält für jeden etwas passendes bereit. Warum also nicht auch Arzneimittel online bestellen? Jetzt denkst du dir vielleicht: „Moment, nicht so schnell. Wenn Arzneimittel nur noch online bestellt werden, dann leiden darunter die Apotheken vor Ort und das gilt es zu verhindern."

An dieser Stelle stimmen wir dir absolut zu. Doch leider kommt es immer wieder vor, dass Patienten beim Versuch, ihr Rezept einzulösen, erfolglos bleiben, weil die Apotheke die entsprechenden Präparate nicht vorrätig hat oder nicht herstellen kann.

Gerade in der Naturheilkunde, wo es häufig um die Herstellung von Individual- oder Magistral- Rezepturen geht, ist das beschriebene Problem leider kein Einzelfall.

Wie wäre es, wenn du auf ein Netzwerk von auf Naturheilkunde spezialisierten Partner-Apotheken zurückgreifen könntest, die auch Individual- beziehungsweise Magistral-Rezepturen herstellen und direkt zu deinen Klienten nach Hause liefern? Gäbe es dir nicht ein gutes Gefühl, zu wissen, dass deine Patienten mit dem für sie optimalen Präparat versorgt sind, das den größten Behandlungserfolg verspricht?

Lass dir an dieser Stelle versichern: Es gibt auch hier bereits Technologie-basierte Lösungen.

UNTERSTÜTZUNG GESUCHT?

Wir hoffen, du konntest dir einen informativen ersten Überblick über die Möglichkeiten der Praxis-Digitalisierung verschaffen. Solltest du Fragen zu den Themen Online-Sprechstunde, Arzneimittel-Bestellungen oder Abrechnungssysteme haben, kannst du dich gerne an wenden: www.therabee.de

AUF EIN WORT AM SCHLUSS

Wir hoffen, dass euch unser Marketing-Ratgeber für Therapeuten und Heilpraktiker Spaß gemacht hat und dass unsere zahlreichen Tipps hilfreich für euch waren. Natürlich freuen wir uns auch über euer Feedback.

Übrigens: Viele weitere Tipps und regen Austausch mit Kollegen aus alternativen Heilberufen gibt es auch in unserer geschlossenen Facebook-Gruppe „Mehr Sichtbarkeit für Therapeuten & Heilpraktiker“:
https://www.facebook.com/groups/sichtbarkeit.fuer.therapeuten.und.heilpraktiker

Wir würden uns sehr freuen, dich als neues Gruppenmitglied begrüßen zu dürfen.

Herzliche Grüße

Dein Team von Therapeuten-Marketing

Sandra und Marco

Noch ein kleiner Hinweis in eigener Sache:

Wir haben die Inhalte nach bestem Wissen und Gewissen recherchiert und auf den neuesten Stand gebracht. Einen Anspruch auf Vollständigkeit können wir allerdings nicht gewähren – dazu dreht sich die digitale Welt viel zu schnell. Bei größeren Veränderungen werden wir versuchen, unser Buch so rasch wie möglich zu aktualisieren.

Printed in Poland
by Amazon Fulfillment
Poland Sp. z o.o., Wrocław

48925916R00129